FÜR SÉAN IN LIEBE

# Liebevolle Geschenke aus dem Garten

100 DINGE ZUM SELBERMACHEN

# Liebevolle Geschenke aus dem Garten

100 DINGE ZUM SELBERMACHEN

DEBORA ROBERTSON
FOTOS VON YUKI SUGIARA

Bassermann Inspiration

DANKSAGUNG

An erster Stelle möchte ich Kyle Cathie und allen Mitarbeitern bei Kyle Books danken, weil sie mir dieses wunderbare Projekt übertragen haben. Ein dickes Dankeschön geht an Judith Hannam; sie hat mir geholfen, die Anfangsschwierigkeiten zu meistern; vielen Dank Sophie Allen für Geduld, gute Laune und messerscharfen Verstand – sie hat die Arbeit an diesem Buch zum reinen Vergnügen gemacht. Bei Helen Bratby, die die Seiten wunderbar gestaltet hat, wusste ich mich in guten und kreativen Händen.

Ein großes Glück war die ungewöhnlich talentierte Fotografin Yuki Sugiura. Ihr Enthusiasmus während der Fototermine war einfach großartig. Weiterhin möchte ich mich bei meiner Stylistin und guten Freundin Tabitha Hawkins bedanken, mit der ich am liebsten jeden Tag zusammenarbeiten würde.

Ein Dankeschön auch an meine Agentin Caroline Michel bei PFD, für ihren Enthusiasmus, Rat und Ermunterung; ich weiß es zu schätzen.

Ein ewiges Dankeschön geht an den Gartenbuchautor und meinen Twitter-Freund Alex Mitchell, der mich erst auf die Idee brachte, Kyle Books dieses Projekt vorzuschlagen.

Danke, Nash Khandekar, für deine Hilfe und Freundschaft über viele Jahre.

Meine wöchentlichen Ausflüge zum Columbia Road Flower Market haben dank Carl, Mick und Sylvia Grover noch mehr Spaß gemacht. Ihre Ratschläge, Klugheit und Freundschaft tun meinem Garten und Sonntagen seit vielen Jahren gut. Ich wünsche mir, dass es so bleibt.

Ohne die endlose Geduld meiner Eltern, die einem kleinen Mädchen erlaubt haben, ihre Backlust auszuleben und dabei die Küche in ein Chaos zu verwandelte, hätte ich nie meine Leidenschaft entdeckt, zu gestalten, zu kochen und Pflanzen wachsen zu sehen. Noch heute ist dieses Vergnügen Teil meines täglichen Lebens. Wenn sie sich gewundert haben, wie man daraus eine Karriere basteln konnte, dann haben sie es nicht gezeigt.

Schließlich danke ich meinem Mann Séan, dem größten Geschenk, das ich mir gemacht habe: für seine unermüdlichen Aufmunterungen, für Kaffee und Aufräumen, Fahrdienste, Sammeln und Vorschläge. Du bist großartig.

ISBN 978-3-572-08100-4



Das Buch ist ist erstmals 2012 unter dem Titel Gifts from the Garden bei Kyle Cathie Ltd. In Großbritannien erschienen.



Umschlaggestaltung: Atelier Versen, Bad Aibling
Projektkoordination dieser Ausgabe: Herta Winkler
Fotos: Yugi Sugiura
Übersetzung: Dr. Wolfgang Hensel
Gesamtproducing: berliner buch.macher



Druck und Bindung: C&C, Hongkong

Printed in China

817 2635 4453 6271

## INHALT

# EINLEITUNG

**Selbst wer nur Salat im Blumenkasten oder Blumenzwiebeln in einem alten Terrakottatopf kultiviert hat, kennt das angenehme Gefühl, die Pflanzen wachsen zu sehen – daneben tritt der Aufwand völlig in den Hintergrund. Wenn Sie diese Pflanzen in Geschenke für Ihre Lieben verwandeln, teilen und vergrößern Sie Ihre Freude.**

Gärtner und Köche sind großzügige Menschen. Nach einem Besuch geht man selten ohne einen Steckling, ein paar Samen, ein Rezept oder wenigstens einen Zettel mit Tipps nach Hause. Wer in hübsch gestalteten Gläsern oder Behältern verschenkt, was er mit Liebe und Leidenschaft in seinem Garten erzeugt hat, erfreut nicht allein den Empfänger, sondern macht auch sich selber glücklich.

Wer Geschenke aus dem Garten macht, schärft auf ungewöhnliche Weise seine Sicht und nimmt Veränderungen der Jahreszeiten viel intensiver wahr. Dank einer einfachen Pflanzenpresse werden Spaziergänge durch die Natur und den Garten zur Entdeckungsreise. Auch Sie werden plötzlich überall interessante Blätter oder Gräser sehen, perfekte Blüten oder attraktive Fruchtstände. Fallende Blütenblätter sind kein Grund für Trauer; vielmehr eröffnen sie neue Möglichkeiten für selbst kreierte Potpourris.

Manche Geschenke, z. B. Plätzchen, ein Glas mit eingelegten Oliven oder ein einfacher Blumenstrauß, sind in ein paar Minuten fertig. Andere müssen vorausgeplant werden, denn Chutneys und Liköre brauchen Wochen oder gar Monate bis zur völligen Reife. Andererseits ist es ein sehr gutes Gefühl zu wissen, dass Geschenke bereitstehen, die nur darauf warten, als Präsent die Familie oder Freunde zu erfreuen.

Manche Vorschläge sind nur realisierbar, wenn Sie vorher Geld in Pulver, Essenzen, Öle und Wachse investieren, aber da Sie jeweils nur kleine Mengen verbrauchen, hält der Vorrat lange. Wenn Sie das nächste Mal eine Seife, Gesichtscreme oder ein Raumspray kreieren möchten, steht schon alles bereit. Selbstgemachtes ist nicht nur einzigartig, sondern auch preiswerter als Massenware aus der Fabrik

Es gibt aber noch einen weiteren Vorteil: Sie brauchen nie wieder durch die Geschäfte zu hetzen und auf einer Liste Geschenke abzuhaken, die allenfalls den Kommentar „passt schon" verdienen. Vielmehr können Sie sich einige Stunden, sogar einen oder zwei Tage Zeit nehmen, um mit Kreativität und Freude ein nützliches Unikat zu schaffen. Wer Freude daran findet, Geschenke selbst zu gestalten, braucht sich nie wieder durch ein Kaufhaus zu drängeln. Außerdem kennen Sie jede einzelne Zutat einer Marmelade, Gesichtsmaske oder Politur – keine unbekannten Inhaltsstoffe unter hübschen Deckeln!

Die Verpackung zu gestalten macht fast genauso viel Spaß. Suchen Sie nach alten Büchsen hübschen Deckelgläsern, Schleifen, Schildchen, Aufklebern und ungewöhnlichem Geschenkpapier. So verwandeln Sie Ihre Produkte in kleine, einzigartige Kunstwerke, die mit den besten Boutiquen konkurrieren können.

**Jeder weiß am besten, wie viel Zeit und Liebe er seinen Blumen, Früchten, Kräutern und Gemüsesorten widmet. Mit Geschenken aus dem eigenen Garten verschenken Sie immer auch ein Stück Ihres Herzens – wer kann großzügiger sein?**

## DIREKT AUS DEM GARTEN

Sicher macht es Ihnen Freude, Blumen und Früchte Ihres Gartens zu kreativen Geschenken zu verarbeiten. Manchmal aber ist das beste Geschenk das einfachste: eine Pflanze, die Sie selbst gezogen haben. Ohne großen Aufwand bereichert sie Ihren Garten, und als Geschenk im Topf erfreut sie Ihre Freunde.
Wie man Stecklinge abnimmt, teilt und absenkt, ist kein Geheimnis und birgt keine unüberwindlichen Schwierigkeiten. Nur Mut! Auch wenn Sie keine Erfahrung mitbringen, lohnt der Versuch.

## Stecklinge abnehmen

Kopfstecklinge („Risslinge") werden im Frühling abgenommen, wenn die Pflanze neue Triebe gebildet hat. Legen Sie bereit: ein scharfes Messer, einen 7-cm-Blumentopf mit Dränageloch, darin eine Mischung aus Topferde und Hygromull, Gießkanne mit feiner Brause, Bleistift oder Pikierholz, starken Draht und einen durchsichtigen Plastikbeutel.

Reißen Sie von der Pflanze einen nicht blühenden, etwa 10 cm langen Trieb mit einem Stück Rinde ab. Schneiden Sie mit dem Messer weit überstehende Rinde ab, dann entfernen Sie alle Blätter bis auf einige an der Triebspitze, denn Sie müssen den nackten Stängel tief in die Erde drücken. Bohren Sie mit dem Pikierholz vier bis fünf Löcher nahe am Topfrand, stecken Sie die Stängel hinein und drücken Sie die Erde mit den Fingern sanft fest. Wenig gießen.

Biegen Sie den Draht zu einem Bogen; er sollte ein paar Zentimeter höher sein als die Stecklinge. Stecken Sie den Bogen in die Erde und breiten Sie die Tüte darüber – sie darf die Blätter nicht berühren.

Stellen Sie den Topf an einen warmen Ort, nicht in die direkte Sonne, und wenden Sie die Tüte regelmäßig, damit kein Kondenswasser auf die Blätter tropft; feuchte Blätter verpilzen leichter. Sobald sich Wurzeln gebildet haben und die Stecklinge zu wachsen beginnen, schneiden Sie Schlitze in die Tüte, um die Luftzirkulation zu verbessern.

Nach 4-6 Wochen wird die Tüte entfernt, und wenn die Stecklinge wie gesunde, kleine Pflänzchen aussehen, werden sie in Einzeltöpfe umgetopft. Im Winter kommen sie in ein kaltes Gewächshaus und werden im Frühling ausgepflanzt.

### DIESE PFLANZEN KÖNNEN SIE VERMEHREN DURCH:

**KOPFSTECKLINGE:** Kamille, Lavendel, Zitronenstrauch, Pelargonien, Nelken, Rosmarin, Salbei

**ABSENKEN:** Lorbeer, Waldrebe, Kletterrosen, Geißblatt, Nelken, Salbei, Thymian

**TEILUNG:** Indianernessel, Kamille, Schnittlauch, Geranien, Melisse, Zitronengras, Minze, Nelken, Thymian, Wermut

## Teilen

Minzen, aber auch viele andere Pflanzen beginnen nach einigen Jahren zu kümmern und verkahlen im Zentrum. Das kommt sowohl bei Topf- als auch bei Gartenpflanzen vor. Sie graben (oder topfen) solche Exemplare im Frühling mit der Grabgabel aus und teilen den Wurzelballen mit der Hand, Grabgabel oder Messer in kleine, bewurzelte Abschnitte. Sie werden gleich wieder eingepflanzt und gut gegossen. Säubern Sie die Töpfe vor dem Umtopfen gründlich, damit sich keine Krankheiten ausbreiten. Bedecken Sie das Loch im Boden mit Scherben, und füllen Sie die Erde nicht bis ganz oben auf – das erleichtert später das Gießen. Terrakottatöpfe sehen zwar sehr hübsch aus, trocknen aber schneller aus. Kleiden Sie die Innenwände einfach mit Plastik aus (der Boden muss frei bleiben). Ich hebe die Plastiksäcke von Blumenerde und Humus auf und schneide sie in passende Stücke. So werden die stabilen Säcke genutzt und landen nicht im Abfall.

## Absenken

Absenken funktioniert gut beim Rosmarin und dürfte die einfachste Methode der Vermehrung sein. Suchen Sie im Sommer einen nicht blühenden, etwa 25 cm langen Trieb. Entfernen Sie alle Blätter bis auf die obersten, und rauen Sie die Unterseite des Triebes mit einem Gartenmesser auf – das fördert die Wurzelbildung. Ziehen Sie, ausgehend von der Mutterpflanze, mit der Pflanzschaufel oder den Fingern eine schmale, etwa 4 cm tiefe Rille in den Boden. Drücken Sie den Trieb in diese Rille; das oberste Stück mit den Blättern muss herausschauen. Biegen Sie kräftigen Draht zum U-förmigen Bogen, und stecken Sie den Trieb in der Rille fest. Bedecken Sie den Trieb mit Erde und gießen Sie gut. Danach wird die Stelle wenig, aber häufig gegossen, bis sich Anzeichen neuen Wachstums zeigen. Wenn der Trieb im Herbst gut bewurzelt ist, wird er von der Mutterpflanze abgeschnitten und eingetopft. Sie können ihn auch bis zum nächsten Frühling stehen lassen und gleich an die neue Stelle pflanzen.

## KRÄUTER & BLÜTEN

## Kreativ verpacken

**Selbst einfache Päckchen wirken hübscher und persönlicher, wenn sie mit Grün aus dem Garten verziert sind. Wenn Sie das Paket nicht unmittelbar verschenken, wählen Sie haltbaren Schmuck, der nicht verwelkt, wie Lorbeer, Rosmarin, Tannenzapfen oder kleine Zweige mit Beeren.**

**Eine kleine Auswahl:**
**Zapfen, Tannenzweige, Eukalyptus, Efeu, Beeren, Lorbeerblätter, Rosmarin, Mistel, Stechpalme, getrocknete Apfelsinen- oder Zitronenscheiben** **(siehe S. 123).**

**Dünner Floristendraht**
**Schere**
**Band, Schnur und/oder Bast**

Für das Verpacken gibt es keine „Methode“, nur die Inspiration zählt. Stecken Sie beblätterte Zweige oder Kräuter einfach unter ein Band oder binden Sie mit Floristendraht ein haltbares Sträußchen zusammen (der Draht verschwindet unter der Schleife). Mit Gartenschnur und Bast, der in vielen Farben erhältlich ist, können Sie das Gartenthema sogar noch vertiefen – als preiswerte, ungewöhnliche und attraktive Alternative zum konventionellen Geschenkband.

### Lorbeer kultivieren

Lorbeer (*Laurus nobilis*) ist eine immergrüne Pflanze, die seit der Antike tief im Volksglauben verankert ist. Heute sind die kugelig beschnittenen Bäumchen vor dem Haus nur noch dekorativer Schmuck, früher sollten sie Hexen, Zauberer und Blitze abwehren. Ob Lorbeer nun Unheil abwendet oder nicht, in jedem Fall ist er ein nützliches Gewürz. Er wächst problemlos im Topf, kann also bei Frost leicht ins Haus geholt werden. Im Winter wird Lorbeer wenig gegossen; schneiden Sie ihn im Frühling in Form, dann entwickeln sich neue Triebe und Blätter. An einem sonnigen Platz, in gut durchlässigem Substrat und geschützt vor starkem Wind wächst Lorbeer besonders gut (er verträgt etwas Schatten).

### Dekorative Inspiration

**FRÜHLING:** Schlüsselblumen, duftende Zweige von *Osmanthus* x *burkwoodii* oder *Daphne odorata*, panaschierte Blätter von *Euonymus fortunei*, Farne, Stiefmütterchen, blühende Zweige von Rosmarin

**SOMMER:** Schafgarbe, Sterndolde, Glockenblumen, Chilipflanzen, Sonnenhut, Kornblumen, Edeldistel, Geißblatt, Blüten von Hortensien, Schwertlilien, Jungfer-im-Grünen, Margeriten, Ringelblume, Myrtenzweige, Nelken, Blätter und Blüten von Duft-Geranien, Skabiosen, Sonnenblumen, Salbei, Ehrenpreis

**HERBST:** alle bunten Herbstblätter, wie Perückenstrauch, *Euonymus alatus*, Ginkgo, Amberbaum, Eichenblätter mit Eicheln, Ahorn, Astern, Lampionblume, Dahlien, Fruchtstände des Fenchels, getrocknete Früchte des Silberblatts, Mohnkapseln, Feuerdornbeeren, Hagebutten

# Verziertes Papier

## Gepresste Blüten, Kräuter, Blätter und Fruchtstände eignen sich wunderbar, um Geschenkanhänger, Karten, Schachteln, Tischkarten und Kerzen (siehe S. 85) zu verzieren.

**eine Auswahl gepresster Blüten, Fruchtstände und/oder Blätter**
**verschiedene Papiere**
**durchsichtiger Klebstoff**
**Pinzette**

### GUT PRESSEN LASSEN SICH:

**Eisenkraut**
**Farne**
**einzelne Hortensienblüten**
**Lerchensporn**
**Nelken**
**Rittersporn**
**Blütenblätter von Rosen**
**Schlüsselblumen**
**Stiefmütterchen**
**Veilchen**
**Vergissmeinnicht**
**Wermut, Blüten und Blätter**
**Wilder Kerbel**

Warten Sie auf einen trockenen Tag und pflücken Sie, nachdem der Tau verdunstet ist, nur perfekte Blüten. Pinseln Sie den Staub mit einem weichen Pinsel ab und legen Sie die Pflanzen zwischen zwei Blätter Löschpapier. Die Pflanzen werden zwischen Buchseiten unter einem Bücherstapel oder in einer Pflanzenpresse gepresst (siehe Kasten). Der Vorgang dauert einige Wochen; die Pflanzen müssen völlig trocken sein und sich papierartig anfühlen. Sie sind zerbrechlich und sollten mit der Pinzette aufgenommen werden.

Gepresste Pflanzen, die nicht sofort verwendet werden, legen Sie zwischen Pergamentpapier und heben sie in einer Pappschachtel an einem kühlen, trockenen Ort auf.

Schneiden Sie das Papier in der gewünschten Größe zurecht (gefaltet als Karten). Kleben Sie die Blüten mit sehr wenig Klebstoff fest. Weniger ist mehr – eine einzelne Blüte, ein Farnblättchen oder ein Blatt wirken eleganter und überzeugender als ein kompliziertes Muster.

### DUFTENDE SCHACHTELN

**Wenn Sie eine Duftschachtel verschenken möchten, nähen Sie einen Musselinbeutel (siehe Kräutertees für die Badewanne, S. 31), füllen ihn mit gepressten Blüten und Kräutern und legen ihn in den Karton, der etwa nach einer Woche den zart-süßen Duft angenommen hat.**

### PFLANZENPRESSE – SELBST GEMACHT

**Die Pflanzenpressen aus dem Handel sind oft zu klein und zu teuer. Wenn Sie eine Bohrmaschine halten können, gelingt Ihnen auch eine Presse im Eigenbau: Sie brauchen zwei stabile Bretter (je 30 x 30 cm). Bohren Sie in die vier Ecken Löcher für vier lange Schrauben mit Flügelmuttern. Schneiden Sie Papp- und Löschpapierquadrate aus, die zwischen die vier Schrauben passen (in Bastel-, Kunst- und Schreibwarengeschäften). Schichten Sie Pappe, zwei Lagen Löschpapier (dazwischen liegen die Pflanzen), dann wieder Pappe usw. übereinander. Stecken Sie die Schrauben in die Löcher und ziehen Sie die Flügelmuttern mit Unterlegscheiben kräftig an.**

tropaeolum majus
anthriscus cerefolium

# Samenpäckchen

**Manche Gärtner sind allzu ordentlich. Statt Verblühtes sofort abzuschneiden und damit die Blütezeit zu verlängern, sollten Sie stets ein paar Blüten ausreifen lassen. Viele Fruchtstände sehen attraktiv aus, außerdem liefern sie kostenlose Samen für die Vermehrung.**

**Sie brauchen:**
**Schere**
**Schale**
**Braune Papiertüten**
**Gummiband**
**Kleine Pergamenttüten**
**Etiketten**
**Nähmaschine oder Nadel und Faden**

Lassen Sie die Samen so lange wie möglich auf der Pflanze reifen. Braune oder schwarze Samen sind ausgereift und trocken; sie werden an einem trockenen, windstillen Tag gesammelt. Schneiden Sie die Fruchtstände ab und halten Sie eine Schale darunter, um fallende Samen aufzufangen. Die Samen kleiner Pflanzen werden einfach ausgeschüttelt. Stecken Sie große Fruchtstände in eine braune Papiertüte, die Sie mit einem Gummiband verschließen und in einem trockenen Raum aufhängen. Die reifen Samen fallen in die Tüte; sie werden auf eine helle Unterlage geschüttet und aussortiert.

Heben Sie die Samen in Pergamenttüten auf. Klappen Sie die Öffnung um, legen Sie ein Etikett mit dem Namen darüber und nähen Sie die Tüte zu. Samentütchen sind passende Geschenke für Gartenfreunde, eignen sich aber auch als Zugabe zu anderen Präsenten (ein Loch oberhalb der Naht durchstechen und eine Schnur, Band oder Bast durchziehen). Obwohl die meisten Samen an einem kühlen, trockenen Ort mehrere Jahre keimfähig bleiben, empfiehlt sich die Aussaat im Folgejahr.

**LEICHT ZU SAMMELNDE SAMEN:**

**Fingerhut**
**Frauenmantel**
**Jungfer im Grünen**
**Kapuzinerkresse**
**Lampionblume**
**Lerchensporn**
**Löwenmäulchen**
**Mohn**
**Schnittlauch**
**Sonnenblumen**
**Stiefmütterchen**
**Studentenblume**
**Zaunwinde**

# Blumenkästen für Köche

**Ein Themenkasten, der auf die bevorzugten Rezepte eines/r Freundes/in abgestimmt wurde, ist ein originelles und aufmerksames Geschenk. Je mehr Blättchen er/sie abzupft, desto besser wachsen die Pflanzen.**

## Pizza-Kasten

Rukola
Basilikum
Oregano
Chili
Kirschtomaten

## Thailand-Kasten

Zitronengras
Minze
Koriander
Thai-Basilikum (*Ocimum basilicum horapa*) und/oder
Indisches Basilikum (*O. sanctum*)

## Frankreich-Kasten (*fines herbes*)

Kerbel
Estragon
Petersilie
Schnittlauch

Blumenkasten oder geeigneter Behälter
Topferde
Langzeitdünger (Granulat)

Wenn Sie statt eines Blumenkastens einen anderen Behälter verwenden, müssen Sie Wasserlöcher in den Boden bohren. Breiten Sie Scherben auf dem Boden aus und füllen Sie den Kasten mit Topferde (mischen Sie nach Packungsangabe einen Langzeitdünger bei).

Pflanzen Sie die ausgesuchten Gewürze ein; gut gießen.

Bei guter Pflege liefert ein Gewürzkasten den ganzen Sommer über Blätter.

**RUKOLA KULTIVIEREN**

Frischer Rukola (*Rucola coltivata*) schmeckt nicht nur köstlich auf ofenfrischer Pizza, sondern passt auch gut in Sommersalate und zu Pesto. Der Salat wird einfach in einen Topf oder in die Erde gesät. Wenn Rukola nicht regelmäßig beschnitten wird, bildet er rasch Samen; regelmäßig gießen.

**KREATIV VERPACKEN** So bringen Sie das Geschenk noch besser zur Geltung: Legen Sie eine Gießkanne oder Schere dazu, an die Sie mit Band, Schnur oder Bast eine Karte mit den Pflegehinweisen binden.

TAYLOR'S
VINHOS SA · VILA NOVA DE GAIA
1984

PESTO

## Schnittlauch-Zitronen-Pesto

**Schneiden Sie den Schnittlauch für dieses frische Pesto, bevor die Blütenstängel erscheinen. Es schmeckt köstlich auf Pasta und Gnocchi und passt auch bestens als Dressing zu gekochten, neuen Kartoffeln.**

Ergibt etwa ein Glas (200 g).

**40 g Pinienkerne**
**etwa 50 g Schnittlauch oder mehr, mit der Schere fein geschnitten**
**40 g fein geriebener Parmesan**
**Zesten einer Zitrone**
**1 kleine Knoblauchzehe, zerrieben**
**4–6 Esslöffel Olivenöl, dazu etwas mehr für das Glas**
**Salz und Pfeffer**

**Mörser und Stößel oder Küchenmaschine**

**1 Glas (200 g)**

Rösten Sie die Pinienkerne bei mittlerer Hitze in einer trockenen Pfanne, bis sie goldbraun sind und duften; Pfanne schwenken, damit sie nicht anbrennen. Abkühlen lassen und im Mörser zerstoßen oder kurz in der Küchenmaschine zerkleinern. Geben Sie Schnittlauch, Parmesan, Zitrone, Knoblauch und Olivenöl dazu, bis die gewünschte Konsistenz erreicht ist. Nach Bedarf mit Salz und Pfeffer abschmecken.

Löffeln Sie das Pesto in ein ausgekochtes Glas und drücken Sie mit dem Löffelrücken alle Luftblasen heraus. Füllen Sie Olivenöl nach, bis das Pesto völlig mit Öl bedeckt ist; fest verschließen.

Im Kühlschrank hält sich das Pesto zwei bis drei Tage.

### Schnittlauch kultivieren

**Die röhrenförmigen Blätter des Schnittlauchs (*Allium schoenoprasum*) gehören zu den ersten Frühlingsboten. Das mehrjährige Kraut bildet dichte Horste und lässt sich einfach kultivieren. Der vielseitige Schnittlauch gehört auch in den kleinsten Garten. Er braucht bei Trockenheit viel Wasser; die Blätter sprießen besonders reichlich, wenn das Kraut vor der Blüte bis dicht über den Boden abgeschnitten wird. Wenn der Platz reicht, lassen Sie ein bis zwei Horste zur Blüte kommen. Die kugeligen Blütenstände sehen im Salat gut aus und schmecken köstlich.**

**KREATIV VERPACKEN** **Zusammen mit ein, zwei Beuteln frischer Pasta oder einem Mörser mit Stößel verwandeln Sie das würzige Pesto in ein größeres Geschenk.**

# Herbes de Provence

**In diesem Kräutergewürz können Sie die Mischung der Kräuter ganz nach Ihrem Geschmack selbst zusammenstellen. Die Kräuter bestehen traditionell aus wild in den Hügeln Südfrankreichs wachsenden Kräutern. Lavendel ist eine neuere Zutat.** Ergibt ein Glas (150 g).

**GRUNDREZEPT:**

3 Esslöffel getrockneter Thymian
2 Esslöffel getrockneter Majoran
1 Esslöffel getrockneter Oregano
1 Esslöffel getrocknetes Sommerbohnenkraut
1 Teelöffel getrockneter Rosmarin
1 Teelöffel getrocknete Lavendelblüten
1 trockenes Lorbeerblatt

**WEITERE ZUTATEN NACH GESCHMACK:**

Zesten einer kleinen Apfelsine oder Zitrone
Kerbel
Estragon
Minze
Basilikum
Dill

1 Deckelglas (etwa 150 g)

Zerreiben Sie die getrockneten Kräuter grob in einem Mörser. Sie werden in einem luftdichten Behälter aufbewahrt.

Diese Mischung ist vielseitig verwendbar. Reiben Sie Hähnchen oder Fisch mit den trockenen Kräutern ein; zusammen mit Olivenöl ergeben sie eine Marinade. Streuen Sie die Kräuter über Bratkartoffeln, Pizza, als Gewürz zu gedünsteten Tomaten oder einer leichten, sommerlichen Tomatensoße.

In einem luftdichten Behälter hält sich die Kräutermischung an einem kühlen, dunklen Ort bis zu vier Monate lang.

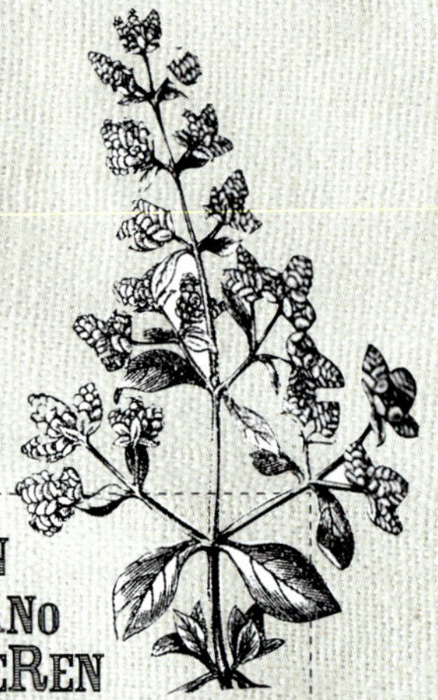

## Majoran & Oregano kultivieren

Botanisch gehören beide zur Gattung *Origanum* und sind nicht aus Kräutergarten und Küche wegzudenken. Majoran schmeckt etwas milder und süßer; es wird erst gegen Ende der Garzeit zugegeben. Reservieren Sie Platz für mindestens drei Majoransorten mit ausgezeichnetem Aroma: Griechischer (*Origanum vulgare* subsp. *hirtum*), Türkischer (*O. onites*) und Gelber Majoran (*O. vulgare* 'Aureum'). Schneiden Sie die Pflanzen nach der Blüte im Spätherbst bis 5 cm über dem Boden zurück.

# Gewürzsalze

**Mit Kräutern gewürztes Salz passt zu Fleisch, Fisch, Gemüse und sogar zu Popcorn. Die Herstellung dauert nur ein paar Sekunden. Frische Kräuter haben ein stärkeres Aroma, das sie beim Trocknen auf das Salz übertragen.**

## Chilisalz

**Köstlich scharf zu vielen Gerichten, von gegrillten Sardinen bis zu gebratenen Kartoffeln.**

- 50 g grobes Meersalz
- 1 getrocknete Chilischote
- 1 Teelöffel frischer Oregano
- ½ Teelöffel getrockneter Kreuzkümmel
- ½ Teelöffel geräuchertes Paprikapulver

## Thymian und Apfelsine

**Sehr gut zu gebratenem Gemüse.**

- 50 g grobes Meersalz
- fein zerriebene Zesten einer kleinen Apfelsine
- 2 Esslöffel frische Thymianblätter und -blüten

## Zitrussalz

**Großartig auf weißem Fisch, Garnelen und Hähnchen.**

- 50 g grobes Meersalz
- fein zerriebene Zesten von zwei Zitronen
- fein zerriebene Zesten einer Limone

## Dillsalz

**Versuchen Sie dieses Salz auf Lachs oder gedünsteter Roter Bete.**

- 50 g grobes Meersalz
- 2 Esslöffel frische Dillblätter
- fein zerriebene Zesten von einer kleinen Zitrone
- ¼ Teelöffel frisch gemahlener schwarzer Pfeffer
- einige Prisen Dillsamen (wenn vorhanden)

Geben Sie jeweils alle Zutaten in eine Küchenmaschine oder in einen Mörser und stellen Sie eine homogene Mischung her, die Sie in luftdichten Behältern lagern.

In luftdichten Behältern behalten die Salze ihr Aroma über mehrere Monate.

# Bouquet garni

## Dieses kleine Kräuterbündel gibt auf kleiner Hitze simmernden Suppen, Eintöpfen und Brühen den letzten aromatischen Kick.

**GRUNDZUTATEN:**
**3 Zweige Petersilie**
**2 Zweige Thymian**
**1 Lorbeerblatt**

**Küchengarn**
**Etiketten**
**Gläser**

### Dazu für...
### ... Hähnchengerichte:
**Zesten einer Zitrone (am Stück)**
**einige Zweige Estragon, Fenchelblätter**

### ... Rindfleischgerichte:
**Zesten einer Apfelsine (am Stück)**
**etwas Majoran und Oregano**

### ... Schweinefleischgerichte:
**Zesten einer Zitrone (am Stück)**
**einige Zweige Salbei, Myrte**

### ... Lammfleischgerichte:
**einige Zweige Rosmarin, Oregano und Majoran**

In seiner traditionellen Form (Petersilie, Thymian, Lorbeer) verbessert ein *Bouquet garni* den Geschmack von Fleisch- bis Hülsenfruchteintöpfen. Das kulinarische Trio lässt sich aber vielfältig erweitern: Zusammen mit Estragon verbessert das Bündel den Geschmack von Hähnchen oder Fisch; eine dünne Apfelsinenzeste und Majoran geben einer Rindfleischkasserolle, Rosmarin einem langsam gegarten Lamm ein köstliches Aroma.

Ein *Bouquet garni* ist ein hervorragendes Geschenk für passionierte Hobbyköche. Binden Sie die Bündel zusammen und trocknen Sie sie hängend an einem dunklen, gut belüfteten Ort; aufbewahrt werden sie in einem luftdichten Gefäß. Versehen Sie die Bündel zur Sicherheit mit einem Etikett.

In einem luftdichten Gefäß bewahren die Bündel ihr Aroma für etwa einen Monat.

### DILL KULTIVIEREN
**Dill (*Anethum graveolens*) ist ein einjähriges Kraut, das bestens zu Fisch, Eiern und Kartoffeln passt. Die Samen werden in kompostierbaren Pflanzgefäßen (Dill mag es nicht, wenn seine Wurzeln gestört werden) oder im Spätfrühling nach den letzten Nachtfrösten an Ort und Stelle ausgesät. Streuen Sie die Samen dünn aus; mit einer dünnen Erdschicht bedecken. Dill mag nährstoffarme, durchlässige Böden im Halbschatten. Nach dem Aufkeimen werden die Pflänzchen auf 25 cm Abstand vereinzelt; an heißen Tagen reichlich gießen, damit der Dill keine Samen bildet. Die Samen werden im Herbst gesammelt (siehe S. 19).**

### BEGLEITPFLANZEN
**Petersilie ist nicht nur ein vielfältig nutzbares Küchenkraut. Sie eignet sich auch als Begleitpflanze im Gemüsebeet. Lassen Sie ein paar Pflänzchen bis zur Blüte kommen – sie locken räuberische Wespen in den Garten, die sich über die Blattläuse hermachen. Petersilie neben Spargel soll das Spargelhähnchen vertreiben, und manche Gärtner schwören darauf, dass Petersilie zwischen Rosen den Blütenduft intensiviert.**

# Gewürzmischungen zum Einreiben

**Sie sind einfach herzustellen und verleihen jedem Gericht sofort ein spezielles Aroma. Gewürzmischungen sind großartige, einfache Geschenke für passionierte Köche.**

## Myrten-Mischung

**Diese Kombination passt besonders gut zu Wild, schmeckt aber auch zu Ente.**

Ergibt ein Glas (50 g).

- 2 Esslöffel frische Thymianblätter
- 2 Esslöffel Fenchelsamen
- 2 Esslöffel rosa Pfefferkörner
- 6 Myrten- oder Wacholderbeeren
- 2 Gewürznelken
- 40 g grobes Meersalz
- 12 Myrtenblätter
- 1/2 Teelöffel frisch geriebene Muskatnuss

Entfernen Sie die Myrtenblätter vor dem Kochen – sie schmecken bitter und sollen nur ihr Aroma auf die übrigen Kräuter übertragen. Reiben Sie das Fleisch etwa 30 Minuten vor der Zubereitung mit den Kräutern ein.

Zerreiben Sie Thymian, Fenchelsamen, Pfefferkörner, Wacholderbeeren und Gewürznelken mit dem Stößel im Mörser. Verrühren Sie die Mischung mit Salz, Myrtenblättern und Muskat. Geben Sie alles in ein kleines Glas; eine Woche ziehen lassen.

## Koriander-Mischung

**Die Mischung ist ideal für gebratenes oder gegrilltes Schweinefleisch.**

Ergibt ein Glas (50 ml).

- 3 Esslöffel Koriandersamen
- 3 Esslöffel Kreuzkümmelsamen
- 1 Esslöffel schwarze Pfefferkörner
- 2 Teelöffel zerriebene Chilischoten
- 40 g grobes Meersalz
- 4 Esslöffel weißer Zucker
- 3 Esslöffel brauner Rohrzucker

Rösten Sie die Koriander- und Kreuzkümmelsamen etwa 30 Sekunden lang in einer trockenen Bratpfanne, bis sie zu duften beginnen. Zerstoßen Sie Koriander, Kreuzkümmel und Pfefferkörner mit dem Stößel im Mörser zu einer grobkörnigen Konsistenz. Mischen Sie in einer Schüssel Chili, Salz und den Zucker dazu.

Beide Mischungen halten sich in einem verschlossenen Gefäß bis zu drei Monaten.

### KREATIV VERPACKEN

**Schreiben Sie das Rezept für die Gewürzmischung auf die Rückseite eines Anhängers oder Etiketts. Wenn Ihre Freunde alles verbraucht haben, können sie die Mischung selbst herstellen.**

**MYRTE KULTIVIEREN** **Die Myrte (*Myrtus communis*) ist eine immergrüne Pflanze mit glänzenden Blättern und weißen Blüten – eine hübsche, duftende Zierpflanze. Sie braucht durchlässigen, nährstoffreichen Boden und einen sonnigen Standort (Winterschutz mit Gartenvlies; Topfpflanzen ins Haus holen). Myrten vertragen keine „nassen Füße"; im Frühling vorsichtig zurückschneiden, um die Form zu erhalten und den Austrieb anzuregen. Die würzig-süßen Blätter werden sparsam wie Lorbeerblätter (Blüten für den Salat) verwendet, während die Früchte Wacholderbeeren ersetzen. Das trockene Holz sorgt beim Grillen für köstliches Aroma, und die Blätter passen in Potpourris (siehe S. 89).**

# Kräutertees für die Badewanne

**Diese Tees werden nicht etwa in der Badewanne getrunken – obwohl ihr Duft dazu einlädt. Man wirft vielmehr duftende Kräutersäckchen ins Badewasser.**

Jede Mischung ergibt etwa 8 Kräutersäckchen.

**BERUHIGENDE MISCHUNG:**

**10 Esslöffel getrocknete Kamille**
**5 Teelöffel getrockneter Lavendel**

**MAROKKANISCHE MISCHUNG:**

**6 Esslöffel getrocknete Rosenblätter und/oder -knospen**
**3 Esslöffel getrocknete Zitronenstrauchblätter**
**2 Esslöffel getrocknete Minze**
**1 Stück Ingwer, ca. 7 cm lang, geschält und gerieben**
**6 Kardamomkapseln, grob zerstoßen**
**fein geriebene Zesten einer kleinen Apfelsine**

**Musselin**
**Nähgarn**
**Etiketten (optional)**

Vermischen Sie die Zutaten in einer Schüssel. Schneiden Sie für jede Mischung 16 Quadrate (10 x 10 cm) Musselin aus; schreiben Sie den Namen der Mischung auf ein Etikett.

Nähen Sie mit der Maschine oder per Hand jeweils zwei Quadrate an drei Seiten zusammen (Naht ca. 1 cm vom Rand). Füllen Sie ein paar Löffel der Mischung ein und nähen Sie die vierte Seite zu (die Etiketten werden mit dieser Naht angenäht). Sie können auch Stoffkreise von etwa 14 cm ausschneiden, die Gewürze auf die Mitte legen und den Stoff mit einem Band zu einem Säckchen zusammenziehen.

In einem luftdichten Gefäß behalten die „Tees“ mehrere Monate lang ihr Aroma.

## Kamille kultivieren

**Die römische Kamille (*Chamaemelum nobile*) ist eine angenehme, süß-aromatische Staude mit beruhigenden Eigenschaften. Blätter und Blüten duften aromatisch. Sie wächst am besten in durchlässiger, nährstoffreicher Erde an einem sonnigen Ort, verträgt aber leichten Schatten. Die Samen werden im Frühling ausgestreut und mit einer dünnen Erdschicht bedeckt; bei Trockenheit reichlich gießen. Ernten Sie die Blüten im Sommer, wenn sie voll erblüht sind. Die Stauden müssen nach einigen Jahren im Frühling ausgegraben und geteilt werden. Angeblich soll Kamille als „Pflanzenarzt“ das Wachstum benachbarter Pflanzen stärken.**

## HoPFEN KULTIvIEREN

**Hopfen (*Humulus lupulus*) ist eine windende Staude, die sehr wüchsig über Drähte oder eine Pergola klettert und einen dichten, grünen Vorhang bildet. Im Spätsommer tragen die weiblichen Pflanzen attraktive, papierdünne, limonengrüne „Hopfenzapfen". Sie können die getrockneten Zapfen als Girlanden aufhängen oder wohltuende Kissen damit ausstopfen. Hopfen braucht tiefen, nährstoffreichen und durchlässigen Boden. Ideal ist Sonne, er verträgt aber auch leichten Schatten und tonigen Boden. Hopfen wird im Herbst bis auf den Boden zurückgeschnitten, er treibt im Folgejahr kräftig wieder aus. Die goldene Sorte (*H. lupulus* 'Aureus') bildet attraktive, tief eingeschnittene gelbe Blätter.**

# Kräuterkissen

**Manche Kräuter schenken ruhigen und friedlichen Schlaf. Hopfen, Lavendel und Kamille – einzeln oder als Mischung – in einem kleinen Kissen sind eine Bereicherung für jedes Schlafzimmer. Kräuterkissen sind großartige Geschenke für Menschen, die viel reisen; sie beruhigen auf langen Flügen und bringen ein Stück Zuhause in jedes Hotelzimmer.**

Ergibt ein Kissen (20 x 30 cm).

**30 g getrocknete Hopfenzapfen**
**30 g getrockneter Lavendel**
**30g getrocknete Kamille**
**2 Musselinrechtecke (24 x 32 cm)**
**etwa 50 cm Bezugsstoff**
**Nadel und Faden**
**Nähmaschine**
**Bänder oder Streifen in kontrastierenden Farben (zur Verzierung)**

Mischen Sie in einer Schüssel Hopfen, Lavendel und Kamille. Verändern Sie das Mischungsverhältnis, bis Sie den Duft als besonders angenehm empfinden.

Stecken Sie die Ränder des Musselinstoffes gut zusammen und nähen Sie das Kissen auf drei und einer halben Seite zusammen (Naht etwa 1,5 cm vom Rand). Wenden Sie den Stoff, stopfen Sie die Kräuter hinein und nähen Sie die Öffnung zu.

Schneiden Sie aus dem Bezugsstoff ein 25 x 33 cm großes Rechteck als Vorderseite des Kissens aus. Wenn Sie Zierbänder aufnähen möchten: Jetzt geht es am einfachsten. Schneiden Sie nun zwei weitere Rechtecke aus (je 25 x 20 cm). Schlagen Sie je eine der langen Kanten um 1,5 cm um, drücken Sie sie fest und nähen Sie einen Saum.

Legen Sie das große Stück mit der rechten Seite nach oben auf einen Tisch. Legen Sie die beiden kleineren Stücke mit der rechten Seite nach unten darauf, sodass die Säume zur Mitte zeigen (wenn der Bezug gewendet wird, bilden sie die Öffnung). Nähen Sie das große und die beiden kleinen Stücke zusammen (Naht etwa 1,5 cm vom Rand). Säubern Sie die Ecken und wenden Sie den Bezug; stopfen Sie das Kräuterkissen durch die Öffnung.

## Weichspüler

**Eine Flasche Weichspüler klingt nicht nach einem tollen Geschenk, aber zusammen mit einem Mottenmittel aus *Pelargonium* (siehe S. 113) und einem Wermutsäckchen, das ebenfalls Motten abschreckt (s. rechte Spalte), machen Sie einer modebewussten Freundin sicher eine Freude.** Ergibt 500 ml.

**500 ml weißer Essig**
**ein großer Strauß Basilikum**
**Zesten aus der Schale einer rosa oder gelben Grapefruit (Zestenreißer oder Gemüseschäler) ohne Spur von Weiß**
**eine hübsche Flasche**

Essig macht Stoffe ebenso weich wie kommerzielle Weichspüler und entfernt außerdem Waschmittelreste, die die Farben verblassen lassen. Im Gegensatz zu handelsüblichen Produkten entfernt er hartnäckigen Geruch, statt ihn nur zu überdecken. In Regionen mit großer Wasserhärte beugt die regelmäßige Verwendung von Essig der Ablagerung von Kalk in der Waschmaschine vor. Zerdrücken Sie die Basilikumblätter mit den Händen, damit die Duftöle frei werden. Geben Sie sie mit der Grapefruitschale in eine Flasche; mit Essig auffüllen. Gießen Sie bei jeder Wäsche 100 ml Weichspüler in die Maschine.

## Duftsäckchen gegen Motten

**Diese Säckchen lassen sich sehr einfach herstellen, sogar Kinder können sie basteln und ihren Paten oder Verwandten als Geschenke mitbringen.**
Ergibt 8–10 Säckchen.

**30 g getrockneter Wermut**
**30 g getrocknete Lavendelblüten**
**20 g getrocknete Minze**
**20 g getrockneter Rosmarin**

**WEITERE MÖGLICHE ZUTATEN:**
**getrocknete Blätter von Duftgeranien (Sorten auf S. 113), getrockneter Rainfarn, getrocknete Zitronenstrauchblätter, ganze Gewürznelken oder zerbrochene Zimtrinde**

**Schneiderkreide oder weicher Bleistift**
**Musselin oder dünner Baumwollstoff**
**Zickzackschere (optional)**
**Band**

Vermischen Sie die Zutaten in einer Schüssel.

Zeichnen Sie mit Schneiderkreide oder Bleistift Kreise von 14 cm Durchmesser auf den Stoff. Schneiden Sie die Stoffscheiben aus. Schneiden Sie mit der Zickzackschere einen hübschen, nicht ausfransenden Rand oder mit einer normalen Schere eine glatte Kontur. Geben Sie ein paar Löffel der Mischung auf die Scheibe und binden Sie die Säckchen mit dem Band zu.

Die Säckchen vertreiben bis zu einem Jahr lang die Motten; danach müssen sie ausgetauscht werden.

**BASILIKUM KULTIVIEREN** **Einjähriges Basilikum (*Ocimum basilicum*) braucht viel Sonne und einen geschützten Platz. Säen Sie es im Frühling in Töpfe und bedecken Sie die Samen mit fein gesiebter Erde; danach gießen und auf eine sonnige Fensterbank stellen. Die Töpfe dürfen erst ins Freie, wenn kein Spätfrost mehr droht. Knipsen Sie regelmäßig die Spitzentriebe ab, damit die Pflanze buschiger wächst; gießen Sie um die Mittagszeit. Im Herbst kommen die Töpfe ins Haus und liefern Blätter bis in den Winter.**
**Versuchen Sie auch: O. b. 'Purpurascens' mit stark duftenden, purpurnen Blättern oder *O. b. var. minimum* (Spanisches Buschbasilikum) eine kompakte Schmuckpflanze mit kleinen Blättern und herrlichem Duft.**

## Antiseptischer Essig

**Angeblich haben Diebe in Frankreich während der Pestepidemie im 17. Jh. eine ähnliche Mischung benutzt. Sie raubten die Häuser der Pestkranken aus und hofften, sich mit dem „Vier-Diebe-Essig“ vor Ansteckung zu schützen.**

eine kleine Handvoll frischer Thymian
eine kleine Handvoll frischer Rosmarin
eine kleine Handvoll frischer Salbei
eine kleine Handvoll frische Minze
eine kleine Handvoll frische Lavendelblätter und -blüten
eine kleine Handvoll Wermutblätter
1,5 Liter Apfel- oder weißer Essig

Ein großes Glas oder Flasche mit säurefestem Verschluss
Musselin
Zerstäuber oder Flasche mit säurefestem Verschluss

Zerkleinern Sie die Kräuter in grobe Stücke; füllen Sie damit ein großes Glas und gießen Sie den Essig darüber, bis alles bedeckt ist. Verschließen und zwei Monate an einem kühlen, dunklen Ort stehen lassen; ab und zu schütteln, damit sich die Inhaltsstoffe lösen.

Kleiden Sie ein Sieb mit Musselin aus und seihen Sie den Essig in ein Glas. Gießen Sie den Essig durch einen Trichter in den Zerstäuber.

Die Lösung, 1:1 mit Wasser verdünnt, desinfiziert Oberflächen in der Küche und ist ein natürliches Antiseptikum für Insektenstiche, Schnittwunden und Verletzungen, bei denen die Haut unverletzt blieb. Im Kühlschrank hält sie sich ein Jahr.

## Duftende Feueranzünder

**Ein Korb voller duftender „Fidibusse“ eignet sich wunderbar als Geschenk für neue Nachbarn oder Freunde mit Kamin. Stellen Sie die Bündel im Herbst zusammen, wenn Sie Kräuter und Sträucher beschneiden.**

### Eukalyptus kultivieren

**Zur Eukalyptus-Familie gehören mehr als 400 schnellwachsende Baumarten. Wer Zweige für Blumen-Arrangements oder als Feueranzünder verwenden will, sollte die Pflanze in jedem Frühjahr bis auf den Grund zurückschneiden. Das Ergebnis ist eher Busch als Baum. Eukalyptus liebt die Sonne, aber selbst nach einem kalten Winter ist er oft nur scheintot und treibt wieder aus. Am besten lässt sich *Eucalyptus gunii* kultivieren.**

ZWEIGE VON:
Eukalyptus
Indianernessel
Lavendel
Lorbeer
Minze
Rosmarin
Salbei
Thymian
Zitronengras
Zitronenmelisse
Zitronenstrauch

WEITERE ZUTATEN:
Streifen von Apfelsinen, Zitronen- oder Limonenschalen
Zimtstangen

Bast oder Baumwollschnur
Schere

Binden Sie die Zweige mit Bast oder Schnur zu Bündeln zusammen. Vor Gebrauch als Feueranzünder müssen sie völlig ausgetrocknet sein.

## Pflegendes Gesichtswasser

**Das herrlich duftende Orangenblütenwasser reinigt und pflegt wirkungsvoll. Zusammen mit beruhigenden Kräutern wird daraus ein sanfter Schaum für die Gesichtshaut – er eignet sich besonders gut für trockene und reifere Haut.**

Ergibt 400 ml Gesichtswasser.

**5 g getrocknete Minze, Kamille, Thymian oder Boretschblätter**
**2 Teelöffel flüssiger Honig**
**100 ml Orangenblütenwasser**
**80 ml Glyzerin**
**80 ml flüssige, reine Olivenölseife**
**1 Esslöffel Zaubernusswasser (Hamamelis)**

**Musselin**
**Trichter**
**hübsche Flasche/n**

Bringen Sie die getrockneten Kräuter in einem kleinen Topf mit 200 ml Wasser zum Kochen. Nehmen Sie den Topf vom Herd, rühren Sie den Honig ein und lassen Sie alles eine Stunde lang durchziehen und abkühlen. Kleiden Sie ein Sieb mit dem Musselin aus und seihen Sie die Mischung – drücken Sie so viel Kräuterwasser wie möglich durch das Tuch. Geben Sie die restlichen Zutaten zu und rühren Sie gründlich um; mit dem Trichter in sterilisierte Flasche/n füllen.

### KRÄUTER FÜR KÖRPERPFLEGE UND KÜCHE KULTIVIEREN

**Die Blüten und Pflanzen dürfen nicht mit Pestiziden oder anderen schädlichen Chemikalien besprüht werden. Informieren Sie sich über biologische Methoden: regelmäßige Kontrolle, Begleitpflanzen und biologische Spritzmittel.**

## Kräuteressig zur Haarspülung

**Eine wöchentliche Spülung mit diesem Kräuteressig entfernt Pflegereste aus dem Haar und macht es weich und glänzend. Dieser Essig wäre ein besonderes Geschenk für eine Freundin, die in einem Ort mit hartem Wasser wohnt. Er entfernt den Kalk, der dem Haar den Glanz raubt, und macht es fülliger.** Ergibt etwa 350 ml Spülung.

400 ml Apfelessig

**DAZU EINE DER FOLGENDEN ZUTATEN:**

10 g frische Salbeiblätter; bei geschädigtem, mattem oder trockenem Haar
10 g frische Rosmarinblätter; gut für dunkles und/oder fettiges Haar
10 g frische Kamillenblüten und -blätter; gut für blondes Haar und bei gereizter Kopfhaut

Musselin
Flaschen mit säurefesten Verschlüssen

Erhitzen Sie die Kräuter und den Essig in einem kleinen Topf fast zum Kochpunkt; lassen Sie sie über Nacht stehen. Kleiden Sie ein Sieb mit dem Musselin aus und seihen Sie den Essig durch; Trichtern Sie die Lösung in kalte, sterilisierte Flaschen und verschließen Sie sie mit säurefesten Verschlüssen.
Massieren Sie eine Tasse Essigwasser in die frisch gewaschenen Haare. Eine Minute einziehen lassen und gründlich ausspülen.
Der Kräuteressig bleibt mehrere Monate lang haltbar.

### SALBEI ALS BEGLEITPFLANZE

Salbei ist der ideale Partner neben Möhren und Kohl. Er schreckt die Möhren- und Kohlfliegen ab und lockt Bienen und andere nützliche Insekten in den Garten.

## Lavendel im Blumentopf kultivieren

**Die meisten Lavendelsorten wachsen gut im Topf auf dem Balkon oder im Garten. Holen Sie empfindliche Arten, wie *Lavandula canariensis, L. viridis, L. pendunculata* oder *L. pinnata,* im Winter jedoch ins Haus. Beachten Sie, dass Lavendel keine Staunässe verträgt. Decken Sie daher den Topfboden mit Scherben ab und mischen Sie Hygromull oder Perlit ins Substrat. Düngen Sie während der Blütezeit mit Flüssigdünger; im Winter wird erst gegossen, wenn das Substrat fast vollständig ausgetrocknet ist.**

# Peelinglotion mit Zucker

## Obwohl ihre Herstellung sehr einfach ist, könnte diese Peelinglotion auch aus einem luxuriösen Badeort stammen – nichts deutet auf die Herkunft aus der Küche.

Ergibt ein Glas (250 g).

**150 g Kristallzucker**
**50 g brauner Rohrzucker**
**15 g getrocknete Rosenblütenblätter**
**15 g getrockneter Lavendel**
**8–10 Tropfen Rosenölessenz**
**8–10 Tropfen Lavendelölessenz**
**120 ml Mandelöl (süß) oder Jojobaöl**
**1 Esslöffel Glyzerin**

Rühren Sie Zucker, Rosenblätter und Lavendel in einer Schüssel zusammen. Spritzen Sie die Ölessenzen darüber; mischen Sie. Dann gießen Sie langsam Öl und Glyzerin dazu und rühren die Lotion gut durch. Geben Sie mehr Öl dazu, wenn Ihnen die Konsistenz nicht zusagt. Schaben Sie die Mischung mit einem Spatel in ein Glas, das Sie verschließen.

Die Lotion ist auch für ein Ganzkörper-Peeling geeignet, wirkt aber am besten an Händen, Füßen und Knien. Massieren Sie die Lotion ein bis zwei Minuten ein, dann wird sie abgewaschen.

In einem gut verschlossenen Gefäß hält sich die Lotion bis zu einem Jahr.

# Lavendel-Nagelöl

**Reiben Sie das aufbauende Lavendelöl regelmäßig ins Nagelbett ein – es hält die Nägel gesund. Lavendelöl ist ein aufmerksames Geschenk für passionierte Gärtner, denn wer denkt – trotz aller guten Vorsätze – bei stundenlanger Arbeit im Blumenbeet immer daran, Handschuhe zu tragen? Leidtragende sind die Hände.**

Ergibt 300 ml Öl.

**400 ml Mandelöl (süß)**
**50 g getrockneter Lavendel**
**4 Kapseln Vitamin E**

**Musselin**
**hübsche Flasche**

Gießen Sie das Mandelöl zusammen mit dem Lavendel in einen Topf, den Sie auf kleiner Flamme vorsichtig erhitzen, bis am Topfrand kleine Bläschen aufsteigen. Halten Sie die Mischung weitere 20 Minuten (gelegentlich umrühren) auf dieser Temperatur. Das Öl darf nicht kochen, es soll nur die Inhaltsstoffe des Lavendels aufnehmen. Vom Herd nehmen und über Nacht auskühlen lassen.
Kleiden Sie ein Sieb mit dem Musselin aus und halten Sie es über eine Schüssel. Drücken Sie das Öl durch das Tuch; pressen Sie den Lavendel vorsichtig aus, damit kein Öl verloren geht. Öffnen Sie die Vitaminkapseln und rühren Sie den Inhalt in das Öl. Füllen Sie das Nagelöl in kalte, sterilisierte Flaschen ab.

Das Öl hält sich bis zu vier Monaten.

### LAVENDEL VERJÜNGEN

**Eigentlich ist Lavendel eine problemlose Pflanze, doch vernachlässigte Exemplare fallen auseinander und verkahlen. Schneiden Sie solche Pflanzen beim Austrieb im Frühling um etwa ein Drittel zurück. Nicht bis ins alte Holz schneiden, sonst treibt der Lavendel nicht mehr aus. Stutzen Sie ihn im Frühherbst in Form.**

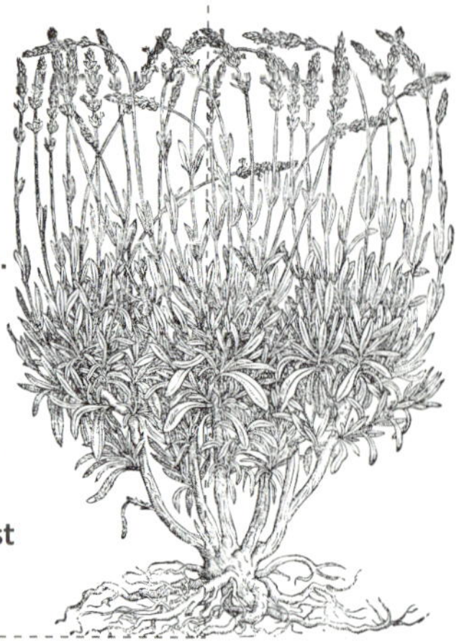

## Problemlösung: Lavendel

Wenn Lavendel nicht richtig wachsen will, liegt das gewöhnlich an zwei Faktoren: Standort und Boden. Pflanzen Sie Lavendel an den sonnigsten Platz im Garten. Machen Sie schweren Boden mit feinem Schotter oder Sand durchlässiger. Sonne und guter Wasserabzug sind optimale Voraussetzungen, bei denen Lavendel in der Tat kaum weitere Ansprüche stellt. Eine Mauer bietet zusätzliche Wärme und schützt ihn im Winter vor kalten Winden.

## Lavendel als Begleitpflanze

Lavendel lockt Bienen und andere bestäubende Insekten in den Garten und soll Kohlmotten vom Kohl fernhalten. Pflanzen Sie Lavendel neben Kohlköpfe, um sie vor diesen Schädlingen zu schützen.

# Lavendel-Badesalz

**Die Mineralien im Meer- und Bittersalz entspannen überanstrengte Muskeln, und Lavendel wirkt allgemein beruhigend. Das Badesalz wäre ein gutes Geschenk für gestresste Freunde – z. B. beim Umzug, bei Examensvorbereitungen oder Hochzeitsplanung.**

Ergibt 630 g Badesalz.

**300 g Meersalz**
**300 g Bittersalz (reines Bittersalz gibt es in der Apotheke)**
**2 Esslöffel Hagebuttenöl**
**8 Tropfen Lavendelölessenz**
**25 g getrocknete Lavendelblüten**

**Gläser (verschließbar)**

Vermischen Sie in einer großen Schüssel die beiden Salze miteinander. Träufeln Sie das Öl darüber und arbeiten Sie es gründlich mit den Händen ein. Streuen Sie die Lavendelblüten dazu und mischen Sie alles nochmals durch. Das Salz wird in Gläser gelöffelt, die Sie fest verschließen. Geben Sie für ein entspannendes Bad eine oder zwei Handvoll Badesalz ins einfließende Wasser.

Das Badesalz hält sich etwa ein Jahr.

**KREATIV VERPACKEN** **Binden Sie einen Dosierlöffel aus Holz oder Aluminium mit einem hübschen Band an das Glas.**

# Lavendelwasser zum Bügeln

**Alles, was diese langweilige Hausarbeit etwas angenehmer macht, ist als Geschenk hoch willkommen. Stellen Sie mit einigen Handvoll Lavendel aus Ihrem Garten eine Lösung für die Sprühflasche her. Ein paar Tropfen Ölessenz intensivieren den Duft.** Ergibt etwa 750 ml.

**4 Esslöffel getrocknete Lavendelblüten und -blätter**
**10 Tropfen Lavendelölessenz**
**2 Esslöffel Wodka**

**Kaffeefilter**
**Trichter**
**1 (750 ml) oder 2 Flaschen (je 400 ml)**
**1 Sprühflasche**

Füllen Sie den Lavendel in einen Krug und gießen Sie fast kochendes Wasser darüber; 5 Minuten ziehen lassen und durch ein Kaffeesieb filtern. Gießen Sie nochmals 500 ml fast kochendes Wasser dazu.

Schütten Sie die Lösung durch einen Trichter in die sterilisierte/n Flasche/n. Wenn Sie mögen, kommen nun das Öl und der Wodka hinzu; gut schütteln. Füllen Sie die Lösung kurz vor dem Bügeln in eine Sprühflasche. Das Lavendelwasser eignet sich auch als erfrischendes Raumspray.

Die Lavendellösung hält sich im Kühlschrank etwa 10 Tage, das stärkere Spray (mit Öl und Wodka) einen Monat lang.

# Lavendel-Handwärmer

## Der behagliche Handwärmer aus Wolle macht auch den kältesten Tag ein wenig angenehmer.

Reicht für einen Handwärmer.

**20 cm mittelschwerer bis schwerer Wollstoff oder Tweed**
**Keramikperlen (zum Beschweren von Pastetenteig)**
**4 Esslöffel getrockneter Lavendel**

**Nadel und Faden / Nähmaschine**
**Stickgarn**

Schneiden Sie aus dem Stoff zwei Kreise oder Ovale von etwa 15 cm Durchmesser aus. Fixieren Sie die beiden Stücke mit Stecknadeln aufeinander; in 1 cm Abstand vom Rand zusammennähen (5 cm bleiben offen). Setzen Sie die Naht ab und zu neu an, damit die Teile später glatt aufeinanderliegen.

Drehen Sie die Hülle auf rechts und bügeln Sie sie glatt. Füllen Sie die Perlen locker ein. Der Handwärmer sollte nicht prall voll sein, sondern sich den Händen anschmiegen. Füllen Sie den Lavendel mit einem Löffel ein und nähen Sie die Lücke zu. Verstärken Sie den Rand des Handwärmers mit einem attraktiven Langettenstich (Stickgarn). Wer diesen Stich zu schwierig findet, kann auch eine einfache, gerade Ziernaht in 1 cm Abstand vom Rand machen.

Zum Aufwärmen wird der Handwärmer für 1 Minute bei voller Stärke in die Mikrowelle gelegt; dabei nicht unbeaufsichtigt lassen.

### Lavendel trocknen

**Ernten Sie den Lavendel an einem sonnigen Tag, wenn der Tau verdunstet ist. Wenn die Blütenknospen kräftig gefärbt sind, werden die Blütenstängel direkt oberhalb der Blätter abgeschnitten. Kurz bevor sie sich öffnen, ist ihr Duft am stärksten. Binden Sie mit Gummiband Sträußchen zusammen, die Sie mit den Blüten nach unten in einem dunklen, trockenen Raum aufhängen – so bleiben Farbe und Duft erhalten. Das Trocknen dauert mehrere Wochen.**

### Lavendel absenken

**Das Absenken ist eine einfache Methode, die Pflanzen zu vermehren. Biegen Sie im Frühherbst einen langen kräftigen Trieb bis zum Boden. Stecken Sie ihn mit einem Drahtbogen fest und schichten Sie 4 cm Erde darüber. Wenn der Lavendel im nächsten Frühling austreibt, wird die Tochterpflanze abgeschnitten und eingetopft. Im Herbst kann sie in den Garten gepflanzt werden.**

# Lavendel-Wein Gelee

## Dieses Gelee schmeckt köstlich zu gebratenem Lamm- oder Schweinefleisch.

Reicht für fünf Gläser (je 225 g).

**1,5 kg Kochäpfel**
**350 ml Weißwein**
**3 Esslöffel getrockneter Lavendel; dazu trockene Lavendelzweige für die Gläser**
**Gelierzucker**
**Saft von 2 Zitronen**

**Einkochtopf**
**Tuch zum Abtropfen**
**Holzlöffel**

Schneiden Sie die Äpfel in grobe Stücke, ohne sie zu schälen oder zu entkernen. Bedecken Sie die Stücke in einem Topf knapp mit Wasser, das Sie zum Kochen bringen. Reduzieren Sie die Hitze und lassen Sie die Äpfel 45-60 Minuten lang simmern, bis sie sehr weich sind. Hängen Sie die Äpfel in einem Tuch über eine Schüssel und lassen Sie den Saft über Nacht austropfen.
Gießen Sie den Wein mit dem getrockneten Lavendel (nicht den Zweigen) in einen Topf, den Sie zum Simmern bringen, dann vom Herd nehmen. Seihen Sie den Inhalt durch ein Musselintuch. Stellen Sie eine Untertasse in den Kühlschrank.

Gießen Sie den Lavendelwein in die abgetropfte Apfelflüssigkeit (Menge messen). Geben Sie auf 600 ml Saft 450 g Zucker hinzu. Erwärmen Sie die Flüssigkeit langsam und unter Rühren, bis sich der Zucker aufgelöst hat.
Dann lassen Sie die Flüssigkeit etwa 15 Minuten lang sprudelnd kochen, bis das Gelee fest wird. Machen Sie die Gelierprobe: Testen Sie mit dem Finger, ob ein Löffel Gelee auf dem kalten Teller eine Haut bildet und nicht zerfließt.

Nehmen Sie den Topf vom Herd, schöpfen Sie grobe Bestandteile ab und rühren Sie den Zitronensaft ein. Füllen Sie das Gelee in sterilisierte Gläser und legen Sie einen Lavendelzweig obenauf. Mit einer Wachsscheibe abdecken und die Gläser mit Klarsichtfolie oder einem Schraubdeckel verschließen.

An einem kühlen, dunklen Ort hält sich das Gelee ein Jahr lang.

## DER BESTE LAVENDEL FÜR DIE KÜCHE

Solange er sparsam verwendet wird, steigert Lavendel das Aroma süßer bis würziger Speisen. Sie können in der Küche allerdings nicht jeden Lavendel verwenden. Pflanzen Sie in Ihrem Garten den Echten Lavendel (*Lavandula angustifolia*). Er hat ein süßes, leicht zitronenartiges Aroma und enthält sehr wenig Kampfer – der angesagte Lavendel für die Küche.

**GLÄSER UND FLASCHEN STERILISIEREN** Lebensmittel dürfen nur in peinlich sauberen Gläsern und Flaschen aufbewahrt werden. Entweder benutzen Sie noch warme Gläser und Deckel direkt aus der Spülmaschine, oder Sie stellen sie für 10 Minuten in kochendes Wasser. Stellen Sie die noch warmen Gläser bis zum Füllen in den Backofen (niedrige Stufe). Kalte Gläser für Getränke oder eingelegtes Gemüse werden sterilisiert und abgekühlt. Chutneys, eingelegtes Gemüse oder Marmeladen mit viel Säure werden mit säurefesten Deckeln verschlossen.

### Rosmarin kultivieren

Ohne Rosmarin (*Rosmarinus officinalis*) wäre ein Kräutergarten einfach undenkbar. Der immergrüne, verholzte Halbstrauch stammt aus dem Mittelmeerraum; er braucht viel Sonne und leichten, wasserdurchlässigen Boden. Nach der Blüte im Spätfrühling werden die Spitzen zurückgeschnitten, damit er buschiger wächst. So lange die Wurzeln mit viel Mulch geschützt werden, übersteht er milde Winter im Freien. R.o. 'Miss Jessop's Upright' ist eine wüchsige, aufrechte Sorte, während R.o. 'Prostratus' und andere ausgebreitet wachsen – ideal für Trockenmauern, Gefäße oder Hängekörbe.

# Duftöle

**Ein mit Kräutern und Gewürzen aromatisiertes Öl gibt Salatdressings, gebratenem Gemüse oder Pizzen sofort mehr Geschmack. Sie können das Öl auch in ein Schälchen gießen, etwas Gewürzessig dazugeben und mit eingetunktem Brot genießen.** Reicht für etwa 500 ml Öl.

500 ml leichtes Oliven- oder Sonnenblumenöl
1 Teelöffel gemischte Pfefferkörner (optional)

**ROSMARINÖL:**
6–8 getrocknete Rosmarinzweige

**THYMIANÖL:**
6–8 getrocknete Thymianzweige oder Zitronenthymian

**CHILIÖL:**
1 Teelöffel zerriebene Chilischoten
3 ganze, getrocknete Chilischoten

eine (500 ml) oder zwei (je 250 ml) Flaschen
Etiketten

Gießen Sie das Öl in einen schweren Topf und geben Sie die Gewürze zu. Erwärmen Sie die Mischung langsam über mittlerer Hitze, bis am Rand Blasen aufsteigen.
Vom Herd nehmen und abkühlen lassen. Das Öl mit einem Trichter in sterilisierte Flaschen füllen, verschließen und an einem kühlen, dunklen Ort aufbewahren.

An einem kühlen, dunklen Ort hält sich das Öl bis zu zwei Monate lang.

**VORSICHT!**
Verwenden Sie keine frischen Kräuter, es sei denn, Sie bewahren das Öl im Kühlschrank auf und verbrauchen es innerhalb von fünf Tagen. Auf den frischen Kräutern im Öl setzen sich möglicherweise schädliche Bakterien fest und vermehren sich.

**KREATIV VERPACKEN** Binden Sie ein Salatbesteck an eine Flasche mit Öl oder legen Sie eine oder zwei Flaschen in eine Salatschüssel.

## Rosmarin-Feuchtigkeitscreme

**Die schwach duftende Creme ist für die Körperpflege gedacht, ist aber auch sanft genug für das Gesicht.**

Reicht für 250 ml.

1 Esslöffel frische Rosmarinblätter
150 ml Mandelöl (süß) oder Jojobaöl
1 Esslöffel Bienenwachs (gerieben)
1 Esslöffel flüssiger Honig
30 ml Hagebuttenöl
1/4 Teelöffel Benzoetinktur (ein natürliches Konservierungsmittel)
zwei dunkle Gläser (125 ml)

Musselin

Bringen Sie 150 ml Wasser mit den Rosmarinblättern in einem kleinen Topf zum Kochen, reduzieren Sie die Hitze und lassen Sie die Mischung 5 Minuten simmern. 4 Stunden abkühlen und ziehen lassen.
Setzen Sie eine hitzeresistente Schüssel über schwach simmerndes Wasser (ohne Kontakt zum Wasser). Gießen Sie das Mandel- oder Jojobaöl in die Schüssel und rühren Sie das Bienenwachs ein, bis es geschmolzen ist. Vom Herd nehmen und auf Raumtemperatur abkühlen lassen. Rühren Sie das Hagebuttenöl ein.
Kleiden Sie ein Sieb mit dem Musselin aus und seihen Sie das Rosmarinwasser in einen Krug; geben Sie die Benzoetinktur dazu.
Löffeln Sie die Ölmischung in eine Küchenmaschine oder Mixer; ein Minute laufen lassen. Gießen Sie das Rosmarinwasser in die laufende Maschine, bis eine glatte Emulsion entstanden ist. Füllen Sie die Creme in kalte, sterilisierte Gläser; verschließen.
Im Kühlschrank hält sich die Creme zwei Wochen lang.

### Rosmarin aus Stecklingen kultivieren

Während sich Rosmarin nur schwer aus Samen ziehen lässt, ist die Kultur von Stecklingen sehr einfach. Schneiden Sie im Frühling 10-15 cm lange Spitzentriebe aus dem neuen Holz. Entfernen Sie die unteren Blätter bis auf etwa 6 Blätter. Bereiten Sie einen Topf mit wasserdurchlässigem Substrat vor (Hygromull oder Perlit beimischen) und gehen Sie vor wie bei Lavendelstecklingen (S. 9).

### Die Eigenschaften von Rosmarin

Rosmarin wirkt stark antiseptisch und entzündungshemmend. Es verbessert die Durchblutung und erfrischt den Geist. Rosmarin ist in Pflegemitteln für Haare und Kopfhaut enthalten, gibt fettiger Haut mehr Spannkraft und Balance und lindert Schwellungen. Der erfrischende Duft regt an und vertreibt Antriebsschwäche. Damit garantieren diese beiden Rosmarinpräparate einen guten Start in den Tag.

## Rosmarin-Haaröl

**Das Öl nährt und gibt trockenem, geschädigtem Haar mehr Feuchtigkeit. Damit ist es ein perfektes Geschenk für eine Freundin, die gerade vom Strandurlaub zurückkommt, denn Sonne, Salz und Chlor hinterlassen ihre Spuren auf dem Haar.**
Reicht für 200 ml Öl und für fünf bis sechs Anwendungen.

**200 ml Kokosöl**
**4 Esslöffel Rosmarinblätter (ohne Stängel)**
**4 Tropfen Rosmarinölessenz**

**Musselin**
**Trichter**
**Flasche**

Bringen Sie das Öl mit dem Rosmarin bei geringer Hitze in einem kleinen Topf zum Simmern. Dünsten Sie die Rosmarinblätter etwa fünf Minuten lang. Nehmen Sie den Topf vom Herd; 24 Stunden ziehen lassen. Seihen Sie die Mischung in einen Krug und geben Sie die Ölessenz dazu. Füllen Sie das Öl mit einem Trichter in eine kalte, sterilisierte Flasche.

Wärmen Sie das Öl (einige Esslöffel) vor Gebrauch in der Mikrowelle oder im Glas in einem Wasserbad an (es soll nicht zu heiß werden). Feuchten Sie Ihr Haar gründlich mit warmem Wasser an und massieren Sie das Öl ein; beginnen Sie mit der Kopfhaut und arbeiten sie es bis in die Haarspitzen ein. Ziehen Sie eine Duschhaube über und lassen Sie das Öl 30 Minuten einwirken; shampoonieren und gut spülen.

An einem kühlen, dunklen Ort hält sich das Öl einen Monat lang.

**KREATIV VERPACKEN** **Legen Sie eine Flasche Rosmarin-Toner und eine mit Rosmarin-Haaröl in einen Korb mit einem kleinen Rosmarinstrauch, an dem Sie Pflegehinweise befestigen. Außer seinen kulinarischen Qualitäten macht sich Rosmarin auch im Bad nützlich: Ein, zwei Zweige, dem einlaufenden Wasser zugegeben, geben ihm ihren frischen, belebenden Duft.**

## Rosmarin-Toner

**Der erfrischende Toner weckt die Haut am Morgen auf – ideal, um fettige Haut zu klären und ein wunderbares Geschenk.** Ergibt etwa 450 ml.

**300 ml Rosenwasser**
**1 schmaler Streifen Apfelsinenzeste (Zestenreißer oder Gemüseschäler) ohne Spur von Weiß**
**3 Zweige Minze**
**2 kleine Zweige Rosmarin**
**200 ml Zaubernusswasser (Hamamelis)**
**1/4 Teelöffel Benzoetinktur (ein natürliches Konservierungsmittel)**

**2 dunkle Glasflaschen (225 ml)**
**Musselin**
**Trichter**

Erwärmen Sie Rosenwasser, Apfelsinenzeste, Minze und Rosmarin in einem kleinen Topf, den Sie bei mittlerer Hitze 5 Minuten simmern lassen. Nehmen Sie den Topf vom Herd und lassen Sie das Rosenwasser 4 Stunden ziehen. Kleiden Sie ein Sieb mit dem Musselin aus und seihen Sie die Flüssigkeit in einen Krug. Rühren Sie das Zaubernusswasser und die Benzoetinktur ein. Füllen Sie den Toner mit einem Trichter in die kalten, sterilisierten Flaschen. Tragen Sie den Toner zur Hautreinigung mit Wattepads auf.

Im Kühlschrank hält sich der Toner zwei Wochen lang.

# Duftende Wachspolitur

**Selbstverständlich könnten Sie diese Politur mit einigen Tropfen Duftöl aromatisieren, aber warum greifen Sie nicht auf Kräuter aus dem Garten zurück? Eine Handvoll reicht für dieses duftende Wachs aus. Stark duftende Kräuter, wie Lavendel, Zitronenstrauch und Rosmarin, riechen nicht nur köstlich, sie wehren auch Insekten ab.** Ergibt 300 g Politur.

**250 ml Jojobaöl oder Apfelsinenkernöl**
**80 g Bienenwachs (gerieben)**
**15 g getrocknete Lavendel-, Zitronenstrauch- oder Rosmarinblätter**
**6 Tropfen Lavendel- oder Zitronenölessenz**
**2 Streifen Zitronenzesten (Zestenreißer oder Gemüseschäler) ohne Spur von Weiß**

**Musselin**

Erwärmen Sie das Öl mit dem getrockneten Lavendel bzw. den Kräutern und Zesten bei sehr niedriger Hitze in einem kleinen Topf, bis sich am Rand winzige Bläschen zeigen – nicht kochen lassen. Lassen Sie den Topf fünf weitere Minuten auf dem Herd; über Nacht ziehen lassen.

Kleiden Sie ein feines Sieb mit einer Lage Musselin aus und seihen Sie das Öl in eine feuerfeste Schüssel (sie muss über einen Topf passen). Füllen Sie wenig Wasser ein, setzen Sie die Schüssel darüber (ohne Kontakt zum Wasser) und bringen Sie das Wasser zum Simmern. Rühren Sie das Bienenwachs in die Schüssel, bis es sich gelöst hat und die Zutaten homogen sind; dann kommen die Ölessenzen dazu.

Gießen Sie die Politur in eine Metalldose oder in ein Glas. Gläser müssen vorher etwas erwärmt werden, damit sie unter der Hitze des Wachses nicht zerspringen. Benutzen Sie die Politur sparsam – weniger ist mehr – und polieren Sie die Oberfläche mit einem weichen Tuch glänzend.

## Zitronenstrauch kultivieren

**Der Zitronenstrauch (*Aloysia triphylla*) ist äußerst nützlich und vielseitig. Er verdient einen Platz im Garten, weil er sehr attraktiv aussieht und die Blätter fast nirgends angeboten werden. Der aus Chile stammende, Laub abwerfende Zitronenstrauch ist nicht gänzlich winterhart und muss vor Frost geschützt werden. Schneiden Sie ihn nach der Blüte zurecht und schützen Sie die Wurzeln mit einer dicken Mulchschicht – in Regionen mit strengeren Wintern ist er im Kübel besser aufgehoben (Überwinterung im Haus). Nehmen Sie zur Vermehrung im Spätsommer Kopfstecklinge (siehe S. 9).**

# Kräutertee-Schale

**Kräutertees sind einfache und erfrischende Alternativen zu fermentierten schwarzen Tees. Mit Pflanzen für Kräutertees in einem Pflanzgefäß machen Sie ein wohlschmeckendes und verführerisches Geschenk.**

### GUTE TEEKRÄUTER:

**Kamille, Blätter und Blüten**
**Lavendel, Blätter und Blüten**
**Pfefferminze**
**Rosmarin, Blätter und Blüten**
**Salbei, Blätter und Blüten**
**Thymian und Zitronenthymian, Blätter und Blüten**
**Zitronenmelisse**
**Zitronenstrauch**

### WEITERE ZUTATEN:

**Zitronen- oder Apfelsinenzesten in dünnen Streifen ohne Spur von Weiß**
**Honig zum Süßen**

Ein frisch aufgebrühter Kräutertee bringt verbrauchte Lebensgeister zurück – für jede Stimmung ein Kraut. Pfefferminze fördert die Verdauung; Zitronenstrauch, Lavendel und Kamille beruhigen, während Rosmarin belebend wirkt und Salbei bei rauem Hals hilft. Jedes Kraut kann allein oder in Kombination aufgegossen werden. Mit Zesten verändern Sie das Aroma und Honig süßt den Tee.

Geben Sie für einen Tee eine kleine Handvoll frischer Kräuter und Blüten in eine Kanne und gießen Sie 400 ml Wasser darüber, das gerade nicht mehr kocht; 4–5 Minuten ziehen lassen und durch ein Sieb abgießen. Geben Sie nach Geschmack Honig dazu.

### ZITRONENSTRAUCH IM TOPF KULTIVIEREN

**Der Zitronenstrauch (*Aloysia triphylla*) wächst problemlos in einem Gefäß von mindestens 30 cm Durchmesser. Während der Vegetationszeit braucht er viel Wasser und alle paar Wochen etwas Flüssigdünger. Im Winter wird der Strauch nicht gedüngt und nur alle paar Wochen wenig gegossen. Schützen Sie die Wurzeln mit Mulch und stellen Sie den Topf an einen geschützten Ort oder in ein kaltes Gewächshaus. Im Frühling wird der Austrieb des Vorjahres auf 5 cm zurückgestutzt.**

# Kräutertee-Trio

**Mit einer speziell auf die Freundin abgestimmten Teemischung beweisen Sie Ihre Freundschaft und zeigen Mitgefühl.**

## Energetisierend

**Ein perfekter, aufmunternder Kräutertee, wenn man am Spätnachmittag richtig down ist.**

25 g Pfefferminzblätter
5 g getrocknete Ringelblumenblüten
5 g getrockneter Ingwer
2 Stück trockenes Zitronengras, grob gehackt
2 Streifen Apfelsinenzesten (Zestenreißer oder Gemüseschäler) ohne Spur von Weiß

## Beruhigend

**Eine beruhigende Mischung, die beim Einschlafen hilft.**

20 g getrocknete Kamille
10 g getrocknete Zitronenmelisse
5 g getrocknete Katzenminze
5 g getrockneter Lavendel
5 g getrocknete Rosenblütenblätter (optional)

## Verdauungsfördernd

**Für einen Tee nach dem Essen.**

20 g getrocknete Pfefferminzblätter
10 g getrocknete Eisenkrautblätter
½ Teelöffel Fenchelsamen

Dunkle Gläser oder luftdichte Büchsen
Musselin und Schnur (optional)

Stellen Sie Ihre Mischung zusammen und füllen Sie den Tee in ein dunkles Glas oder eine luftdichte Blechdose. Sie können auch ein paar Kreise aus Musselin ausschneiden, einige Teelöffel darauf geben und mit einer Schnur zu Säckchen binden.

Kräutertees schmecken besser, wenn das Wasser nicht mehr kocht. Bringen Sie Wasser zum Kochen, lassen Sie es einige Minuten stehen und gießen Sie es erst dann auf. Rechnen Sie einen gehäuften Teelöffel je Tasse und einen für den Topf.

An einem kühlen, dunklen Ort behalten die Tees ihr Aroma mehrere Monate lang.

### KREATIV VERPACKEN

Mit einer aparten Teekanne, oder einer schmucken Tasse und einem Topf Honig zum Süßen wird der Kräutertee zu einer perfekten Geschenkidee für eine/n gute/n Freund/in. Vielleicht legen Sie noch ein Teesieb dazu.

### ZITRONENGRAS KULTIVIEREN

Das pikante, würzige Zitronengras ist nicht nur eine wichtige Zutat vieler asiatischer Gerichte, sondern schmeckt auch gut in Kräutertees. Die Kultur vom Samen ist trickreich; am besten gelingt die Keimung in einem beheizten Minigewächshaus. Einfacher geht die Vermehrung von frischen, festen Stängeln vom Gemüsehändler. Stellen Sie die Stängel in ein Glas mit Wasser. Wenn sie unten nicht zu knapp abgeschnitten wurden, bilden sie neue Wurzeln. Wenn die Wurzeln 4 cm lang sind, werden die Stängel in Töpfe umgepflanzt und reichlich gegossen. Sie wachsen am besten im Garten in voller Sonne. Im Winter siedeln sie auf eine sonnige Fensterbank oder in ein beheiztes Gewächshaus um.

## Gelee mit Zitronenmelisse

**Dieses feine, ausgewogene Gelee wäre das Richtige für eine/n Freund/in mit einem Geschmack für das Besondere auf Brötchen oder Toast.** Ergibt vier Gläser (je 220 g).

**40 g Zitronenmelisse (vom Stängel abgestreifte Blätter), dazu 4 Esslöffel fein gehackte Blätter**
**1 kg Kochäpfel**
**Saft von 2 Zitronen**
**Zeste von 1 Zitrone (Zestenreißer oder Gemüseschäler) ohne Spur von Weiß**
**Gelierzucker**

**Einkochtopf oder großer Topf**
**Tuch zum Abtropfen oder Musselintuch**
**4 Gläser (je 220 g)**

Bringen Sie die Blätter in 400 ml Wasser in einem Topf zum Kochen. Nehmen Sie den Topf nach einer Minute vom Herd. Lassen Sie die Mischung ziehen, bis das Wasser abgekühlt ist. Seihen Sie es durch ein feines Sieb in einen Krug; die Blätter werden verworfen.
Schneiden Sie die Äpfel in grobe Stücke, ohne sie zu schälen oder zu entkernen, und füllen Sie sie mit Melissenwasser, Zitronensaft und Zesten in einen großen Topf; geben Sie evtl. Wasser zu, bis sie bedeckt sind. Zum Kochen bringen und etwa eine Stunde lang simmern lassen, bis die Äpfel weich sind und zerfallen.

Gießen Sie alles in ein Abtropftuch über einer Schüssel; ein Musselintuch in einem Sieb erfüllt denselben Zweck. Binden Sie das Tuch zu und lassen Sie die Äpfel mindestens vier Stunden, besser über Nacht austropfen. Stellen Sie einige Untertassen für die Gelierprobe in den Kühlschrank.

Füllen Sie den Saft in einen sauberen Topf (Menge messen). Geben Sie auf 600 ml Saft 450 g Zucker hinzu. Erwärmen Sie die Flüssigkeit bei mittlerer Hitze unter Rühren, bis sich der Zucker aufgelöst hat. Dann bringen Sie die Flüssigkeit zum Kochen; 10–15 Minuten bis zum Gelierpunkt kochen. Machen Sie die Gelierprobe: Testen Sie mit dem Finger, ob ein Löffel Gelee auf dem kalten Teller eine Haut bildet und bei Berührung nicht zerfließt. Reduzieren Sie die Hitze und schöpfen Sie feste Teile mit dem Schaumlöffel ab. Geben Sie die gehackte Minze dazu; 10-15 Minuten abkühlen lassen und in warme, sterilisierte Gläser füllen.

## Gelee mit Pfefferminze

**Dieses traditionellste aller englischen Gelees ist *die* Zutat für gebratenes Lamm. Einem Gartenbesitzer machen Sie mit einem Minzepflänzchen zum Geleeglas eine besondere Freude.**
Ergibt fünf Gläser (je 220 g).

**1,5 kg Kochäpfel**
**5–6 Pfefferminzzweige; mit Küchengarn zum Sträußchen gebunden**
**250 ml Apfel- oder Weinessig**
**Gelierzucker**
**Etwa 40 g Pfefferminzblätter, vom Stängel abgestreift und fein gehackt**

**Einkochtopf oder großer Topf**
**Tuch zum Abtropfen oder Musselintuch**
**5 Gläser (je 220 g) mit säurefestem Verschluss**

Schneiden Sie die Äpfel in grobe Stücke, ohne sie zu schälen oder zu entkernen, und füllen Sie sie mit dem Minzebündel in einen großen Topf. Wasser eingießen, bis alles bedeckt ist, zum Kochen bringen und etwa anderthalb Stunden lang simmern lassen, bis die Äpfel weich sind und zerfallen. Gießen Sie den Essig dazu; weitere 5 Minuten kochen. Gießen Sie alles in ein Abtropftuch über einer Schüssel; ein Musselintuch in einem Sieb erfüllt denselben Zweck. Binden Sie das Tuch zu und lassen Sie die Äpfel mindestens vier Stunden, besser über Nacht austropfen.

Stellen Sie einige Untertassen für die Gelierprobe in den Kühlschrank. Füllen Sie den Saft in einen sauberen Topf (Menge messen) und geben Sie auf 600 ml Saft 450 g Zucker hinzu. Erwärmen Sie die Flüssigkeit bei kleiner Hitze unter Rühren, bis sich der Zucker gelöst hat. Dann bringen Sie die Flüssigkeit zum Kochen; 10-15 Minuten bis zum Gelierpunkt kochen. Machen Sie die Gelierprobe: Testen Sie mit dem Finger, ob ein Löffel Gelee auf dem kalten Teller eine Haut bildet und bei Berührung nicht zerfließt. Reduzieren Sie die Hitze und schöpfen Sie feste Teile mit dem Schaumlöffel ab. Geben Sie die gehackte Minze dazu; 10-15 Minuten abkühlen lassen und in warme, sterilisierte Gläser füllen. Verschließen Sie die Gläser mit säurefesten Deckeln.

Das Gelee hält sich ein Jahr.

# Minzseife

**Die Seife ist ein ideales Geschenk für Morgenmuffel. Ihre Kombination aus Minze und Ingwer erweckt bei der morgendlichen Dusche alle Lebensgeister.** Ergibt vier Seifen.

**200 g festes Glyzerin zur Seifenherstellung**
**1 Esslöffel getrocknete Minze**
**1 Esslöffel geschälter, gemahlener, frischer Ingwer**
**5 Tropfen Pfefferminzöl**
**Mandelöl (süß) oder Erdnussöl zum Bestreichen der Seifenform**

**Bain-Marie, ersatzweise Wasserbad (Topf und passende Schüssel als Einsatz).**
**Kuchen- oder Seifenformen aus Metall oder Silikon**

Reiben Sie das Glyzerin mit einer groben Reibe in eine hitzebeständige Schüssel. Hängen Sie die Schüssel über einen Topf mit schwach simmerndem Wasser (sie darf es nicht berühren). Schmelzen Sie das Glyzerin unter gelegentlichem Rühren, bis es flüssig und homogen ist.

Nehmen Sie die Schüssel aus dem Wasserbad und rühren Sie Minze, Ingwer und Pfefferminzöl ein; gut vermischen. Ölen Sie die Formen dünn, aber gründlich ein. Gießen Sie die flüssige Seife zuerst in einen Krug und dann in die Formen. Klopfen Sie die Formen auf den Tisch, damit die Luftblasen entweichen (das entfällt bei Silikonformen). Mindestens vier Stunden abkühlen lassen.

Aus Silikonformen werden die Seifen einfach herausgedrückt; bei Metallformen müssen Sie mit einem Messer vorsichtig nachhelfen. Lassen Sie die Seifen an einem kühlen, trockenen Ort drei bis vier Wochen „reifen" und aushärten.

## Pfefferminze kultivieren

Die winterharte Gattung der Minzen (Mentha) gedeiht am besten im Halbschatten, verträgt aber auch Sonne, solange sie an heißen Tagen genügend Wasser bekommt – Minzen sind durstig. Weil Minze als sehr wüchsige Pflanze ihre Nachbarn überwuchern kann, sollte sie in einem versenkten Eimer oder Topf wachsen, um das Ausbreiten der Wurzeln zu verhindern. Teilen Sie gut etablierte Minzen im Frühling und schneiden Sie die Pflanzen im Sommer radikal zurück, dann bilden sie reichlich frische Triebe. Da die verschiedenen Minzenarten sich kreuzen, sollten Sie sie räumlich trennen.

**KREATIV VERPACKEN** Sie suchen ein Geschenk zum Thema „Minze"? Kombinieren Sie diese Seifen mit dem energetisierenden Kräutertee von S. 57 und den Kräutertees für die Badewanne von S. 31.

## VIELE, VIELE MINZEN

Die Zahl der Minzearten und -sorten geht in die Hunderte, für den Garten kommen vorwiegend zwei Arten und ihre Sorten in Frage: Pfefferminze (*Mentha x piperita*) und die grüne Minze (M. spicata). In der Küche wird meist die grüne Minze für Soßen zu gebratenem Lamm, als frisches Kraut über neuen Kartoffeln oder zu gekochten Erbsen verwendet. Die erfrischende Pfefferminze mit dem intensiveren Geschmack eignet sich besser für sommerliche Tees und Softdrinks. Einen Versuch lohnen auch:

**APFELMINZE** (*M. suaveolens*) kräftiges Aroma nach reifen Äpfeln; gut im Fruchtpudding.

**SCHOKOLADENMINZE** (*M.* x *piperata citrata* 'Chocolate') attraktive purpur-grüne Blätter und ein reines Pfefferminzaroma mit einem Hauch von Schokolade; köstlich in Schokoladenpuddings.

**MAROKKANISCHE MINZE** (*M. s.* 'Marokko') würziges Aroma; sehr feiner Minzegeschmack in Tees oder Salaten.

**ANANASMINZE** (*M. suaveolens* 'Variegata') Minze mit attraktiv gemusterten Blättern und süßem, fruchtigem Aroma.

## Katzenminze-Mäuse

**Mit diesen kleinen Mäusen machen Sie jeder Katze eine besondere Freude.** Ergibt eine Maus.

**feste Stoffreste (Baumwolle, Cord oder Tweed)**
**Filzreste für die Ohren**
**Band oder Schnur als Schwanz**
**Stickgarn für die Augen**
**Stecknadeln**
**Nadel und Faden/Nähmaschine**
**getrocknete Katzenminze**

Schneiden Sie ein herzförmiges Schnittmuster aus Papier aus. Es sollte an der breitesten Stelle etwa 18 cm und am Einschnitt 15 cm breit sein. Stecken Sie es auf dem Stoff fest, schneiden Sie die Form aus und teilen Sie das Herz am Einschnitt in zwei Teile. Legen Sie die beiden Hälften auf links aufeinander und stecken Sie den Schwanz fest. Nähen Sie die Maus mit der Hand oder Maschine bis auf eine 3 cm lange Öffnung am Bauch zusammen (der Schwanz wird eingenäht). Wenden Sie die Maus auf rechts, füllen Sie die Katzenminze ein und nähen Sie zu. Nähen Sie dreieckige Ohren an und sticken Sie zwei Kreuze als Augen.

Die Katzenminze behält ihren Duft über mehrere Monate.

### KATZENMINZE KULTIVIEREN

**Die winterharte Katzenminze (*Nepeta*) übt nicht nur einen fast narkotischen Einfluss auf Katzen aus, sondern ist dank ihren silbrig-grünen Blättern auch eine attraktive Beetpflanze. Katzenminze braucht durchlässigen Boden in der Sonne oder lichten Schatten. Wenn die Blüten verwelken, wird die Pflanze bis auf ein paar Zentimeter über dem Boden abgeschnitten. Katzen wälzen sich darin wie in Ekstase und nagen die Blätter bis zum Stängel ab. Stecken Sie rund um die Staude ein paar Stöcke in den Boden und ziehen Sie ein Schnurgeflecht oder ein Netz darum, um das Schlimmste zu verhindern.**

REX

# Hundekuchen mit Petersilie

**Freunde zu beschenken ist eine Sache, doch manchmal freuen sich auch Hunde über ein Mitbringsel. Petersilie reinigt und verbessert den Atem, was sicher nicht das Schlechteste ist.**

Ergibt etwa 32 Hundekuchen.

ein Bund Petersilie (etwa 120 g) mit Stängeln; fein gehackt
1 große Möhre, gerieben
60 g Cheddar (oder anderer Hartkäse), gerieben
3 Esslöffel Olivenöl
300 g Vollkornmehl
2 Teelöffel Backpulver
150–200 ml heiße Hühnerbrühe oder Wasser

Plätzchenausstecher, möglichst in Knochenform

Heizen Sie den Backofen auf 180° C (Gas Stufe 4) vor und legen Sie die Backbleche mit Backpapier aus. Verrühren Sie Petersilie, Möhren und Käse und träufeln Sie das Öl hinein; vermischen. Verrühren Sie in einer separaten Schüssel das Mehl mit dem Backpulver. Geben Sie die Petersilienmischung dazu und arbeiten Sie mit den Händen alles gut durch. Gießen Sie nach und nach Brühe oder Wasser dazu, bis ein zäher Teig entstanden ist (möglicherweise bleibt Flüssigkeit übrig). Kneten Sie den Teig vorsichtig mit den Händen durch und rollen Sie ihn auf einer bemehlten Oberfläche 5 mm dick aus. Stechen Sie die Knochenplätzchen aus; kneten Sie die Teigreste wieder zusammen, ausrollen und ausstechen. Breiten Sie die Plätzchen auf dem Backpapier aus.

Backen Sie die Plätzchen etwa 25 Minuten, bis sie sich fest anfühlen und am Rand goldgelb aussehen; auf einem Drahtgitter auskühlen lassen.

In einer luftdichten Büchse bleiben die Hundekuchen mehrere Wochen lang frisch.

## PETERSILIE KULTIVIEREN

Petersilie (*Petroselinum*) ist eine zweijährige Pflanze und vermutlich das meistgenutzte Würzkraut überhaupt. Sorgen Sie mit gestaffelter Aussaat den ganzen Sommer über für Nachschub. Petersilie mag durchlässige, nährstoffreiche Böden im lichten Schatten. Regelmäßiger Schnitt regt neue Triebe an (schneiden Sie zuerst die größeren äußeren Blätter ab). *P. crispum* ist die krause und gerne als Dekoration genutzte Petersilie; *P. l.* var. *neapoliotanum* die glatte Petersilie mit kräftigerem Aroma.

**KREATIV VERPACKEN** Binden Sie den Plätzchenausstecher als ungewöhnliche Geschenkkarte an.

## Kamille aussäen

Während Sie die römische Teppichkamille (*Chamaemelum nobile* 'Treneague') und die gefüllte *C. nobile* 'Flore Pleno' nur durch Teilung im Frühling vermehren können, lässt sich die Art *C. nobile* aussäen. Streuen Sie die Samen im Vorfrühling in einer Keimschale aus; mit Perlit abdecken. Halten Sie die Schale konstant bei 19° C (Heizmatte). Nach dem Abhärten in einem ungeheizten Innenraum werden die Pflänzchen im Spätfrühling nach den letzten Frösten ausgepflanzt.

# Kamille-Schaumbad

**Gießen Sie das Schaumbad in den Strahl des Wasserhahns. Ihr Bad wird sanft schäumen und Feuchtigkeit spenden.**

Ergibt etwa 600 ml.

**4 Esslöffel getrocknete Kamille**
**1 Streifen Apfelsinenzeste (Zestenreißer oder Gemüseschäler) ohne Spur von Weiß**
**1 Zimtstange**
**120 g feste Olivenölseife (gerieben) oder 100 ml flüssige Olivenölseife**
**3 Esslöffel Zaubernusswasser (Hamamelis)**
**2 Esslöffel Glyzerin**
**1 Esslöffel Gelatinepulver**

**Musselin**
**Flaschen**

Bringen Sie die Kamille mit der Zeste und dem Zimt in 400 ml Wasser zum Kochen; Hitze reduzieren und 15 Minuten simmern lassen. Kleiden Sie ein Sieb mit Musselin aus; abseihen. Rühren Sie die Seife ein, bis sie sich völlig gelöst hat. Geben Sie Zaubernusswasser und Glyzerin dazu. Streuen Sie die Gelatine auf die Oberfläche; eine Minute stehen lassen, dann gründlich unterrühren. Füllen Sie die erkaltete Mischung mit einem Trichter in Flaschen.

Das Schaumbad ist vier Monate haltbar.

**KREATIV VERPACKEN** **Hängen Sie ein Etikett mit der Gebrauchsanweisung an die Flasche und legen Sie die Spülung zusammen mit einem hübschen Kamm, Bürste, Clips oder Haarklammer in eine Schachtel.**

# Kamille-Haarspülung

**Bei regelmäßiger Anwendung unterstützt eine Kamillespülung den natürlichen Glanz blonder Haare und pflegt die Kopfhaut.**

Ergibt etwa 900 ml für 3-4 Anwendungen.

**20 g getrocknete Kamillenblüten**
**5 g Ringelblumenblüten (optional)**
**½ Teelöffel Benzoetinktur (natürliches Konservierungsmittel; in Apotheken, Läden für Naturkosmetik oder im Internet)**

**Musselin**
**Trichter**
**Flasche/n**

Bringen Sie Kamille und Ringelblumen in 1 Liter Wasser zum Kochen; 15 Minuten simmern lassen. Vom Herd nehmen und vier Stunden lang ziehen lassen. Kleiden Sie ein Sieb mit Musselin aus und seihen Sie die Mischung in einen großen Krug. Rühren Sie die Benzoetinktur ein und gießen Sie die Haarspülung mit einem Trichter in kalte, sterilisierte Flaschen.

Gießen Sie eine Tasse dieser Spülung (nach dem Shampoonieren und dem Conditioner) auf Ihr Haar. Arbeiten Sie sie von den Wurzeln zu den Spitzen ein; sie wird nicht ausgewaschen. Stylen Sie Ihr Haar wie üblich.

Im Kühlschrank hält sich die Spülung bis zu einer Woche.

## Pflanzen in hübschen Dosen

**Am Urlaubsort oder in gut sortierten Feinkostgeschäften werden Tomaten, Maronenpüree, Hafermehl, Olivenöl oder andere Lebensmittel in wunderbaren Dosen verkauft. Statt sie zu entsorgen, geben Sie ihnen doch als Töpfe für Kräuter, kleine Blumen und Pflücksalat eine neue Bestimmung. Freunde ohne Garten freuen sich sicher über den Zuwachs auf Balkon oder Fensterbank.**

**hübsche Blechbüchsen**
**Hammer und großer Nagel**
**Kieselsteine oder Scherben für die Dränage**
**Topferde**
**Kräuter, Pflücksalate, Stiefmütterchen, Nelken, Polsterpflanzen und andere kleine Arten**

Wenn Sie keine Büchsen mit interessanten Aufdrucken finden, sehen auch einfache Aluminiumdosen ohne Etikett gut aus. Die Büchsen werden sauber gewaschen und getrocknet. Schlagen Sie mit Hammer und Nagel einige Dränagelöcher in den Boden und decken Sie die Löcher mit Kieseln oder Scherben ab; Erde einfüllen und bepflanzen.

Natürlich werden manche Pflanzen zu groß für die Büchsen, doch bis dahin sehen sie auf einer sonnigen Fensterbank (drinnen oder draußen) prachtvoll aus.

### Estragon kultivieren

**Estragon (*Artemisia dracunculus*) ist, wie Kerbel, Petersilie und Schnittlauch, ein Würzkraut der klassischen französischen Küche: zu Sauce Béarnaise, im Gewürzessig und köstlich zu Eier-, Fisch- und Geflügelgerichten. Im Topf braucht Estragon einen halbschattigen Platz. Er verträgt keine nassen Füße, und die Blätter müssen regelmäßig geerntet werden.**

GAMBARDELL
220g
100%
PETITS TOMATES
CREME
VANILLEE
rouge fort
de Tunisie

# Essbare Kränze

**Wenn Sie am Ende des Sommers mehr Kräuter und Chilischoten ernten, als Sie verbrauchen können, flechten Sie einen Kranz daraus. Sie werden frisch als rote oder grüne Kränze verschenkt und halten den ganzen Winter über – die trockenen Schoten und Kräuter werden nach Bedarf gepflückt.**

**Großzügige Gaben von:**

**Lorbeer, Rosmarin, Salbei, Thymian, roten und grünen Chilischoten**
**dicker Bindedraht (Blumenladen, Bastelgeschäft) oder ein Metallkleiderbügel (Reinigung)**
**dünner Bindedraht**
**Einmalhandschuhe für die Chilischoten**
**Gartenschere**

Formen Sie den dicken Draht zum Kreis; Enden zusammendrehen. 20 cm sind ein guter Durchmesser – immerhin soll der Kranz großzügig mit Kräutern und/oder Chilischoten bestückt werden.

Legen Sie die einzelnen Kräuter separat auf die Arbeitsplatte und stellen Sie aus jeder Art ordentliche, kleine Sträußchen zusammen. Binden Sie die Sträuße mit etwa 15 cm von dem dünnen Draht zusammen und wickeln Sie den überstehenden Draht um den Ring. Die einzelnen Sträuße sollten sich überlappen, damit der Draht nicht mehr zu sehen ist; decken Sie den gesamten Ring ab.

Stechen Sie den Draht am Stielende durch die Chilischoten (Handschuhe anziehen!) und binden Sie die Schoten am Ring fest. Chilischoten sehen aber auch als separater Ring hübsch aus: Dazu fädeln Sie die Schoten auf einen 40 cm langen, dünnen Draht und drehen die Enden zum Ring zusammen.

## Salbei kultivieren

**Salbei (*Salvia officinalis*) ist eine typische Pflanze des Mittelmeeres. Sie braucht durchlässige Erde an einem Standort, der mehrere Stunden täglich in der prallen Sonne liegt. Nach der Blüte wird Salbei um etwa die Hälfte zurückgeschnitten; das regt sein Wachstum an. Neben dem gewöhnlichen Salbei, der in den meisten Rezepten vorkommt, sehen im Kräutergarten auch Sorten mit purpurnen, gestreiften und dreifarbigen Blättern gut aus. Sie sind milder im Geschmack und noch empfindlicher – Winterschutz oder ins Haus holen.**

# Süßdolden-Schnecken

**Die Samen der Süßdolde schenken diesen Schnecken einen Hauch von Anis. Sie schmecken hervorragend zum Brunch oder zum Tee am Nachmittag.** Ergibt 16 Schnecken.

**1 Esslöffel junge Süßdoldensamen**
**450 g weißes Mehl**
**1 Teelöffel Salz**
**1 Teelöffel Zimt**
**½ Teelöffel frisch geriebene Muskatnuss**
**7 g Trockenhefe**
**fein geriebene Zesten einer kleinen Apfelsine**
**50 g Kristallzucker**
**80 g flüssige Butter, abgekühlt**
**2 Eier, leicht geschlagen**
**150 ml lauwarme Milch**

**FÜR DIE FÜLLUNG:**
**60 g getrocknete Aprikosen**
**½ Teelöffel Zimtpulver**
**85 g brauner Rohrzucker**
**60 g Pecannüsse (oder Walnüsse)**

**FÜR DEN BELAG:**
**120 g flüssige Butter; etwas mehr zum Fetten der Bleche**
**120 g flüssiger, erwärmter Honig oder Ahornsirup**
**50 g brauner Rohrzucker**
**80 g Pecannüsse (oder Walnüsse), grob gehackt**

**2 Backbleche (20 x 30 cm)**

Hacken Sie die Süßdoldensamen mit dem Messer auf einem Brett. Zu braune Samen werden im Mörser zerrieben. Behalten Sie zwei Teelöffel für die Füllung zurück.

Sieben Sie Mehl, Salz und Gewürze in eine große Schüssel. Rühren Sie die übrigen Samen, Hefe, Apfelsinenzesten und Zucker ein. Drücken Sie eine Mulde in die Mitte und geben Sie Butter, Milch und Eier hinein; zu einem weichen Teig verrühren. Kneten Sie den Teig auf einer bemehlten Oberfläche, bis er seidig und elastisch ist. Legen Sie den Teig in eine geölte Schüssel, mit einem Plastikbeutel abdecken und gehen lassen, bis sich das Volumen verdoppelt hat – „pi mal Daumen eine Stunde …"

Geben Sie die Aprikosen für die Füllung in eine kleine Schüssel und bedecken Sie sie mit kochendem Wasser; 15 Minuten ziehen lassen. Tupfen Sie die Aprikosen trocken und hacken Sie sie in grobe Stücke. Inzwischen verarbeiten Sie die 2 Teelöffel Süßdoldensamen mit dem Zimt, Zucker und den Pecannüssen in einer Küchenmaschine zu einer feinen Masse.

Legen Sie den Teig wieder auf eine bemehlte Fläche und kneten Sie ihn vorsichtig eine Minute lang. Teilen Sie ihn und rollen Sie jede Hälfte auf 25 x 35 cm aus.

Für den Belag schmelzen Sie die Butter und bestreichen damit die Teigrechtecke. Verteilen Sie Aprikosen und Füllung und drücken Sie alles in den Teig. Rollen Sie die Teigrechtecke fest auf; fangen Sie mit der breiten Seite an. Schneiden Sie jede Rolle in acht Scheiben.

Bestreichen Sie die beiden Backbleche mit flüssiger Butter. Vermischen Sie Butter, Honig (oder Sirup) und Zucker und verteilen Sie die Mischung gleichmäßig auf den Backblechen. Streuen Sie die Nüsse darauf. Legen Sie die Scheiben auf diese Schicht; lassen Sie etwa 2,5 cm Abstand zwischen ihnen. Decken Sie die Bleche mit einem Tuch ab, und lassen Sie die Schnecken etwa eine halbe Stunde an einem warmen Ort gehen.

Heizen Sie den Backofen auf 180° C (Gas Stufe 4) vor. Nehmen Sie das Tuch ab und backen Sie die Schnecken 30-35 Minuten, bis sie goldbraun sind und sich fest anfühlen; auf einem Drahtgitter abkühlen lassen.

Lassen Sie die Schnecken in einem luftdichten Gefäß abkühlen. Sie schmecken frisch am besten.

## SÜẞDOLDE KULTIVIEREN UND VERWENDEN

Eigentlich ist erstaunlich, dass die Süßdolde (*Myrrhis odorata*) nur wenigen Gärtnern bekannt ist. Die hohe Staude mit den farnartigen Blättern und zarten Blüten mag nährstoffreichen, durchlässigen Boden und Halbschatten. Nach der Blüte wird die ganze Pflanze zurückgeschnitten und treibt neu wieder aus.

Alle Teile sind essbar. Die lange Wurzel wird gerieben und roh mit einer Vinaigrette oder einem Remoulade-Dressing gegessen. Die Blätter haben ein süßes, anisartiges Aroma, das gut zu Fruchtsalaten, Weichkäse und Gurkengerichten passt; man kann sie auch zu Suppen, Eintöpfen oder Omelettes geben. Da Süßdolde alle Gerichte süßer macht, passt sie bestens zu Rhabarber-, Stachelbeer- und anderen Obsttorten – der Zucker wird entsprechend reduziert. Die grünen, unreifen Samen schmecken ähnlich wie Fenchelsamen und geben Backwaren ein mildwürziges, frisches Aroma.

# Wasser der Königin von Ungarn

**Dieses legendäre Gebräu wurde angeblich im 14. Jh. für Elisabeth, die Königin von Ungarn, hergestellt. Es war nicht nur ein Parfüm, sondern wurde auch getrunken und sollte alles heilen – von Rheuma bis Gicht. Ich würde es zwar nicht zum Trinken empfehlen, aber es ist ein erfrischendes Tonikum und entfernt kleine Flecken. Stellen Sie im Sommer eine Sprühflasche in den Kühlschrank und verwenden Sie es an heißen Tagen als Körperspray.** Ergibt etwa 600 ml.

## INDIANERNESSEL KULTIVIEREN

Die Indianernessel (*Monarda*) ist eine horstig wachsende Staude mit einem ausnehmend hübschen Blütenstand. Die Blüten ziehen Bienen magnetisch an. Blätter und Blüten duften stark. Junge Blätter und Blüten schmecken im Salat, passen aber auch in Potpourris und helfen als Tee (getrocknet oder frisch) gegen rauen Hals. Streuen Sie die Samen in einer Schale aus; mit Perlit bedecken. Mit Wärme von unten keimen sie besser. Wenn die Pflänzchen groß genug sind und keine Spätfröste mehr drohen, kommen sie zum Abhärten in Töpfe und dann mit 50 cm Abstand in den Garten. Sie können aber auch im Sommer Stecklinge abnehmen (siehe S. 9) oder die Wurzel im Herbst teilen (siehe S. 11). Indianernesseln mögen nährstoffreiche und feuchte, aber durchlässige Böden mit Sonne oder Halbschatten. Schneiden Sie die Triebe im Herbst zurück; alle drei Jahre muss die Staude geteilt werden, sonst verkahlt sie in der Mitte.

**eine Handvoll frischer Rosenblütenblätter**
**eine kleine Handvoll frischer Ringelblumenblüten**
**5 Zweige Rosmarin**
**5 Stängel Indianernessel**
**5 Stängel Pfefferminze**
**5 Stängel Zitronenmelisse**
**5 Zweige Zitronenstrauch**
**5 Zweige Salbei**
**ein Streifen Apfelsinenzeste (Zestenreißer oder Gemüseschäler) ohne Spur von Weiß**
**ein Streifen Zitronenzeste (Zestenreißer oder Gemüseschäler) ohne Spur von Weiß**
**etwa 500 ml Wodka**
**etwa 150 ml Rosenwasser**
**etwa 150 ml Zaubernusswasser (Hamamelis)**

**großes, sterilisiertes Glas**
**hübsche Flaschen zum Abfüllen**

Stecken Sie alle Zutaten in ein hohes Glas und gießen Sie Wodka darüber, bis die Pflanzen bedeckt sind; mehrere Wochen an einem sonnigen Fenster stehen lassen und ab und zu schütteln. Dann abseihen und die Menge bestimmen. Geben Sie auf je 300 ml Flüssigkeit 150 ml Rosenwasser und 150 ml Zaubernusswasser dazu. Füllen Sie das Tonikum in hübsche Flaschen ab.

Das magische Gebräu hält sich bis vier Monate lang.

**KREATIV VERPACKEN** **Legen Sie eine Flasche mit einem Parfümzerstäuber in einen hübschen Korb, damit der/die Beschenkte sich erfrischen und den Rest im Kühlschrank aufbewahren kann.**

# Anti-Falten-Waschlotion mit Mohn

**Viele Jahrhunderte lang nutzte man Mohnblüten, um die Haut zu beruhigen und zu glätten. Zusammen mit Aloe vera lässt sich daraus eine sehr gute und sanfte Waschlotion für ältere Gesichtshaut herstellen.** Ergibt etwa 350 ml.

**eine Handvoll frischer Klatschmohnblüten**
**250 ml Apfelsinenblütenwasser**
**4 Esslöffel reine Olivenölseife**
**2 Esslöffel Aloe vera Gel**
**1 Esslöffel Glyzerin**
**6 Tropfen Grapefruitsamenextrakt (ein natürliches Konservierungsmittel)**
**4 Tropfen Neroliöl**
**dunkle Glasflaschen**

**Musselin**

Streuen Sie die Rosenblüten in eine Schüssel und bedecken Sie die Blüten mit kochendem Wasser; abdecken und 4 Stunden ziehen lassen.

Kleiden Sie ein Sieb mit Musselin aus und seihen Sie die Flüssigkeit in einen Krug. Rühren Sie die übrigen Zutaten ein und füllen Sie die Waschlotion mit einem Trichter in kalte, sterilisierte Flaschen.

Die Waschlotion hält sich eine Woche, im Kühlschrank etwa zwei Wochen.

**KREATIV VERPACKEN** Fügen Sie dem Geschenk Mohnsamen in einem Topf bei oder vermischen Sie einen Teelöffel Samen mit einem bis zwei Teelöffel der Lotion für ein sanftes Gesichtspeeling.

**MOHN KULTIVIEREN**
Klatschmohn (Papaver rhoeas) liebt Sonne und durchlässigen Boden, mag es aber gar nicht, verpflanzt zu werden. Säen Sie ihn im Frühling und Herbst an Ort und Stelle aus; dünn mit Erde bedecken, festdrücken und gut wässern. Wenn die Pflänzchen groß genug sind, werden sie auf 15 cm Abstand vereinzelt. Gießen Sie regelmäßig und entfernen Sie Verblühtes, damit der Mohn sich nicht selbst aussät. Die Samen werden getrocknet und zum Backen verwendet.

## Gesichtsreiniger mit Thymian- und Fenchelsamen

**Fenchel reduziert leichte Schwellungen, und Thymian wirkt zusammenziehend. Dieser milde Gesichtsreiniger passt zu jedem Hauttyp.** Ergibt etwa 300 ml Gesichtsreiniger.

**1 Esslöffel Fenchelsamen**
**10 g frische Thymianzweige**
**1 Teelöffel flüssiger Honig**
**Saft einer halben Zitrone**
**¼ Teelöffel Benzoetinktur (ein natürliches Konservierungsmittel)**

**Mörser und Stößel oder Gewürzmühle**
**Musselin oder Kaffeefilter**
**kleiner Trichter**
**dunkle Glasflasche (300 ml)**

Zerkleinern Sie die Fenchelsamen in Mörser oder Gewürzmühle zu einem feinen Pulver. Geben Sie das Pulver zusammen mit dem Thymian in eine hitzebeständige Schüssel und gießen Sie 350 ml kochendes Wasser darüber; abdecken und 30 Minuten ziehen lassen.

Kleiden Sie ein Sieb mit dem Musselin oder Kaffeefilter aus und seihen Sie die Infusion durch; drücken Sie mit dem Löffelrücken so viel Flüssigkeit wie möglich aus. Rühren Sie Honig, Zitronensaft und Benzoetinktur ein und gießen Sie alles durch einen Filter in eine kalte, sterilisierte Flasche; verschließen und in den Kühlschrank stellen. Tragen Sie den Reiniger mit Wattepads auf und lassen Sie ihn 1–2 Minuten einwirken; mit lauwarmem Wasser abspülen und die Haut mit einem weichen Handtuch abtupfen.

Das Gesichtswasser hält sich im Kühlschrank eine Woche lang.

### THYMIAN KULTIVIEREN

**Thymian ist in Hunderten von Sorten erhältlich. Alle brauchen wasserdurchlässigen, nährstoffarmen Boden und viel Sonne, geschützt vor Winterwinden. Einige der kleineren, kriechenden Sorten, wie *Thymus serpyllum* 'Annie Hall', *T. s.* 'Lemon Curd' und *T. s.* 'Pink Chintz', wachsen in Kies oder in Ritzen zwischen Pflastersteinen zu duftenden Polstern heran. Der gewöhnliche Thymian (*T. vulgaris*) oder Zitronenthymian (*T. citriodorus*) sind Gewürzpflanzen. Blüten und Blätter von *T. citriodorus* geben Gerichten ein frisches Aroma, schmecken erfrischend als Kräutertee oder passen in Potpourris (siehe S. 89). *T. c.* 'Golden King' ist eine attraktiv panaschierte Sorte; *T.* 'Doone Valley' duftet zwar nach Zitrone, das Aroma ist allerdings nicht überragend – umso schöner die Frühlingsblüte, die wie alle Thymianblüten Bienen anlockt. Thymian wird im Frühling oder Sommer durch Stecklinge oder Teilung (siehe S. 10), bzw. im Herbst durch Absenken (siehe S. 11) vermehrt. Nach der Blüte schneiden Sie die Sträucher zurück, um buschiges Wachstum anzuregen und Verholzung zu verhindern.**

# Einfache Tischdekorationen

**Zu einer Einladung einen Strauß Blumen mitzubringen gehört zum guten Ton. Allerdings wird der/die Gastgeber/in dadurch gezwungen, eine passende Vase zu suchen, statt in Ruhe die Gäste einander vorzustellen und ihnen Getränke und Essen zu servieren. Kleine Pflanzen aus dem eigenen Garten in hübschen Töpfen geben hervorragende kleine Mitbringsel ab. Sie eignen sich auch als niedrige Tischdekoration, die nicht ablenkt. Mit hübschen Schildchen dienen sie als duftende Platzkarten, die die Gäste mit nach Hause nehmen dürfen.**

### KREATIV VERPACKEN

Alte, verwitterte Terrakottatöpfe sehen immer hübsch aus, doch Sie finden sicher auch andere attraktive Gefäße für eine Tischdekoration. In Marmeladengläsern, hübschen Dosen oder Emaillekrügen wachsen Pflanzen mindestens eine Woche lang. Danach werden sie in Töpfe mit Dränagelöchern oder in den Garten umgepflanzt.

### THYMIANSTECKLINGE NEHMEN

Es gibt mehr als 300 Thymiansorten. Sie haben eine hübsche Form und duften, und Bienen lieben ihre Blüten – Thymian sammeln kann zur Sucht werden. Thymian lässt sich problemlos über Stecklinge vermehren: Schneiden Sie im Frühling oder Sommer 8 cm lange Stücke aus der Triebspitze und stecken Sie sie in Saaterde. Im Winter gehören sie an einen kühlen Platz im Haus oder in ein kaltes Gewächshaus; im nächsten Frühling dürfen sie in den Garten. Kriechende Sorten bilden bewurzelte Ableger, die abgeschnitten und eingetopft werden.

### GEEIGNETE BLUMEN

Viele hübsche, kleine Blumen bieten sich als Tischdekoration an; nur stark duftende Arten (Maiglöckchen) sind nicht geeignet. Zu meinen Favoriten gehören:

**Gänseblümchen (Bellis perennis)**
**Schlüsselblumen**
**Schneeglöckchen**
**Traubenhyazinthen**
**Veilchen**
**Zwerg-Alpenveilchen**
**Zwerg-Schwertlilien**

### KRÄUTER

Kräuter sind sehr hübsche, preiswerte Tischdekorationen. Besonders reizvoll sind alle, die auch zum Würzen der Gerichte verwendet wurden. Geeignet sind alle niedrigen Kräuter, wie Thymian oder Kamille, aber auch kleine Exemplare größerer Pflanzen, wie Lorbeer oder Lavendel.

**Basilikum**
**Kamille**
**Kerbel**
**Lavendel**
**Lorbeer**
**Rosmarin**
**Thymian**
**Zitronenmelisse**

saskia
patrick
oscar
yuki

# Fladenbrot mit Kümmel

**Das Fladenbrot schmeckt lecker zu Käse oder mit Dips.** Ergibt etwa 24 Fladenbrote.

**240 g weißes, italienisches Weizenmehl Typ 00 (etwas zum Bemehlen)**
**1/2 Teelöffel Backpulver**
**2 Teelöffel Kümmelsamen**
**1/2 Teelöffel grobes Meersalz**
**mehrere Prisen frisch gemahlener schwarzer Pfeffer**
**50 ml Olivenöl (etwas zum Ölen der Backbleche)**

Heizen Sie den Backofen auf 170° C (Gas Stufe 3) vor; ölen Sie zwei Backbleche ein.

Sieben Sie Mehl und Backpulver in eine Schüssel und geben Sie Kümmelsamen, Salz und Pfeffer dazu. Träufeln Sie das Öl darüber und arbeiten Sie es mit den Fingern unter. Gießen Sie nach und nach bis zu 120 ml kaltes Wasser dazu; zu einem weichen Teig verrühren. Kneten Sie den Teig vorsichtig durch, um alle Zutaten zu mischen.

Stäuben Sie etwas Mehl auf die Arbeitsfläche und rollen Sie den Teig auf 5 mm Dicke aus. Stechen Sie mit Glas oder Plätzchenform Kreise von 6 cm Durchmesser aus und rollen Sie die Kreise zu langen, dünnen Ovalen aus.

Legen Sie die Ovale auf die Backbleche und backen Sie sie etwa 5 Minuten. Sie sollen trocken und knusprig, aber noch fast weiß sein. Lassen Sie die Fladenbrote auf einem Drahtgitter auskühlen.

In einem luftdichten Behälter bleiben die Fladenbrote etwa fünf Tage lang knusprig.

## KÜMMEL KULTIVIEREN

**Kümmel (*Carum carvi*) ist eine zweijährige Pflanze, die nährstoffreichen, durchlässigen Boden und volle Sonne liebt. Blüten und Samen werden erst im zweiten Sommer gebildet. Ernten Sie am frühen Morgen: Schneiden Sie den ganzen, reifen Blütenstand in eine Papiertüte ab. Der Tau verhindert, dass die Samen herausfallen. Verschließen Sie die Tüte mit einem Gummiband; mit der Öffnung nach oben an einem trockenen, gut belüfteten Ort aufhängen. Nach etwa einer Woche sind die Samen völlig trocken.**

## Blumen trocknen

**Viele Blumen trocknen hervorragend, wenn sie an einem warmen, dunklen, gut belüfteten Ort mit den Blüten nach unten aufgehängt werden. Beim Trocknen in Kieselgel bleiben Farben und Texturen aber noch besser erhalten. Trockenblumen lassen sich in Kränze flechten oder mit Draht zu Sträußchen oder Tischdekorationen zusammenbinden.**

Kieselgel (Bastelgeschäfte, Gartencenter, Internet)
große Plastikboxen, luftdicht verschließbar
kleiner, weicher Pinsel

### GUT GEEIGNET SIND:

Anemonen, Astern, Dahlien, Freesien, Gänseblümchen, Hahnenfuß, Kornblumen, Löwenmäulchen, Pfingstrosen, Ringelblumen, Rittersporn, Rosen, Schlüsselblumen, Stiefmütterchen, Traubenhyazinthen, Zinnien

Schneiden Sie die Blumen an einem trockenen Tag ab, nachdem der Tau verdunstet ist – nur die besten Blüten liefern gute Ergebnisse.

Schütten Sie das Kieselgel etwa 3 cm hoch in die Plastikbox. Jede Blumenart braucht ihre eigene Box, denn der Trockenvorgang dauert unterschiedlich lange. Legen Sie die Blumen sorgfältig hinein und streuen Sie Kieselgel darüber; vorsichtig schütteln, bis alle Blütenblätter bedeckt sind. Wenn die Pflanzen völlig bedeckt sind, werden die Boxen verschlossen.

Die meisten Blumen sind nach vier bis fünf Tagen trocken. Sehen Sie nach einigen Tagen nach. Entnehmen Sie die trockenen Blumen und bürsten Sie Kieselgelreste mit dem weichen Pinsel ab.

Kieselgel kann beliebig oft wieder verwendet werden; richten Sie sich nach den Packungsangaben.

### ANEMONEN KULTIVIEREN

Die De-Caen-Gruppe der Kronenanemonen (*Anemone coronaria*) bildet Blüten von Purpur bis Scharlachrot und Rosa. Die Farbe bleibt auch nach dem Trocknen in Kieselgel weitgehend erhalten. Die Knollen werden von Winter bis in den Frühling hinein gesteckt. Lassen Sie sie über Nacht in warmem Wasser quellen und setzen Sie die Anemonen in leichten, sandigen Boden (doppelt so tief wie die Knollenhöhe und mit 10 cm Abstand). Mulch schützt vor Frost.

### SCHLÜSSELBLUMEN KULTIVIEREN

Schlüsselblumen oder Primeln (*Primula vulgaris*) sind winterharte Stauden, deren hübsche, schwach duftende Blüten zu den ersten Frühlingsboten gehören. Primeln gedeihen am besten in lichtem Schatten in durchlässigem Boden. Im Frühling reichlich, ab dem Herbst immer weniger gießen. Wenn Sie Blätter und Verblühtes regelmäßig entfernen, verlängert sich die Blütezeit. Schlüsselblumen wachsen gut in Töpfen oder Blumenkästen.

# Kristallblumen (Kandierte Blüten)

**Diese Blüten sind ein faszinierendes, ungewöhnliches Geschenk für passionierte Bäcker. Verwenden Sie ausschließlich Blumen, die weder mit Pestiziden noch anderen Chemikalien behandelt wurden.**

### GUT GEEIGNETE BLÄTTER UND BLÜTEN

**Borretschblüten**
**Duftgeranien (Blüten und Blätter)**
**Lavendelblüten**
**Nelkenblüten**
**Pfefferminzblätter**
**Rosenblüten**
**Schlüsselblumen**
**Stiefmütterchen**
**Veilchen**

**1 Eiweiß**
**1 Esslöffel kaltes Wasser**
**Kristallzucker**

**Pinzette**
**Backpinsel oder kleiner, weicher Malerpinsel**
**Zucker- oder Teesieb**

Schlagen Sie das Eiweiß leicht in einer kleinen Schüssel mit dem Wasser. Tunken Sie die Blüte mit der Pinzette ein, bis sie vollständig mit Eiweiß überzogen ist.

Streuen Sie den Zucker mit einem Zucker- oder Teesieb gleichmäßig über den Blüten aus; die ganze Oberfläche muss bedeckt sein. Schütteln Sie nicht anhaftenden Zucker ab. Breiten Sie die Blüten auf Backpapier auf einem Backblech aus und lassen Sie sie ein paar Stunden bis über Nacht an einem warmen Ort vollständig eintrocknen. Heben Sie die Kristallblüten oder -blätter in einem luftdichten Gefäß zwischen Lagen von Backpapier auf.

# Verzierte Kerzen

**Verwandeln Sie gekaufte Kerzen mit getrockneten Blüten oder Blättern in ein sehr persönliches Geschenk für eine/n Freund/in. Kerzen mit Kräutern und Blättern passen gut zu einer nüchternen Einrichtung, während sich Blütenblätter und Blüten besser in eine feminine oder antik eingerichtete Wohnung einfügen.**

**einfache gerade Kerzen oder Tischkerzen (am besten in hellen Farben)**
**Paraffin-Kerzenwachs**
**getrocknete Blüten und Blätter**
**Duftöl (optional)**

**Topf mit Einsatz (der Einsatz muss die Kerze in ganzer Höhe aufnehmen)**
**Zuckerthermometer**
**Zange**
**kleiner Malerpinsel**
**nicht fusselndes, sehr weiches Tuch**

Das Verzieren von Kerzen ist sehr einfach und macht viel Spaß. Da Paraffin leicht entzündlich ist, sollten Sie sich einen Tag aussuchen, an dem Ihre ganze Aufmerksamkeit nur den Kerzen gehört.

Suchen Sie die passenden Trockenblumen heraus und legen Sie alle Zutaten griffbereit hin.

Füllen Sie den Einsatz mit Wachs und den Untertopf mit Wasser. Stecken Sie das Zuckerthermometer in den Topf und erhöhen Sie die Hitze; rühren Sie von Zeit zu Zeit mit einem langstieligen Metalllöffel um, bis das Wachs völlig geschmolzen ist. Der Schmelzpunkt von Paraffin liegt bei 56–58° C. Wenn Sie mögen, geben Sie nun das Duftöl dazu. Lassen Sie den Topf mit dem Wachs niemals unbeaufsichtigt. Nehmen Sie den Topf vom Herd, sobald das Wachs geschmolzen ist.

Tauchen Sie den Pinsel in das geschmolzene Wachs und streichen Sie es auf die Stelle, die Sie verzieren wollen. Drücken Sie Blüten oder Blätter dorthin und tupfen Sie etwas Wachs darüber, um sie zu fixieren.

Fassen Sie die Kerze am Docht (mit Fingern oder der Zange) und tauchen Sie die Kerze zügig völlig unter. Lassen Sie das Wachs vollständig aushärten; mit einem weichen Tuch polieren.

**Vorsicht! Lassen Sie brennende Kerzen niemals unbeaufsichtigt.**

## DAS BESTE JEDER JAHRESZEIT

**Es spricht nichts dagegen, zu jeder Jahreszeit Sträußchen aus dem Garten zu komponieren. Vielleicht inspiriert Sie die folgende Liste zu großartigen Sträußen von Januar bis Dezember.**

### FRÜHLING

*Alchemilla mollis*
Anemonen
Apfelblüten am Zweig
*Akelei*
Flieder
Goldlack
Hahnenfuß
Hyazinthen
Maiglöckchen
*Osmanthus x burkwoodii*
Osterglocken
Pfingstrosen
Schlüsselblumen
Silberblatt
Tulpen

### SOMMER

Bartnelke
Fingerhut
Fuchsschwanz
Geißblatt
Glockenblume
Hortensien
Jungfer im Grünen
Lerchensporn
Levkojen
Lilien
Löwenmäulchen
Muschelblume
Nelken
Rittersporn
Rosen
Skabiose
Schmucklilie (*Agapanthus*)
Schwertlilie
Sonnenblume
Wicken

### HERBST

Dahlie
Eberesche
Hagebutten
Holzapfel
*Hypericum* (Beeren)
Lampionblume
*Pyracantha* (Beeren)

### WINTER

Becherkätzchen (*Garrya elliptica*)
Buchsbaum
Efeu
Hartriegel (rote und gelbe Zweige)
Korkenzieherhasel
Nieswurz (*Helleborus*)
Schneeglöckchen
Stechpalme
Waldrebe (getrocknete Fruchtstände)

# Sträußchen und Knopflöcher

**Selbst gemachte Sträuße aus dem eigenen Garten haben viel mehr Charme als die fertigen, oft einfallslosen Sträuße mancher Blumenläden. Verwöhnen Sie Ihre Freunde mit dem Besten, was Ihr Garten zu bieten hat – ein wirklich großzügiges Geschenk.**

### SCHNITTBLUMEN

Schneiden Sie Ihre Schnittblumen und Blütenzweige frühmorgens, bevor der Tau verdunstet ist. Suchen Sie nach Exemplaren, die noch nicht in voller Blüte stehen; sie halten länger in der Vase. Stellen Sie alle Blumen in einer kühlen, schattigen Ecke für ein paar Stunden in einen Eimer mit Wasser.
Bevor Sie den Strauß zusammenstellen, werden die Stängel mit einer scharfen Gartenschere 5 cm vom Ende schräg eingeschnitten und alle Blätter unter der Wasserlinie entfernt, um das Wachstum von Fäulnisbakterien zu reduzieren.

### EINFACHE STRÄUSSCHEN

Streifen Sie die unteren Blätter ab und legen Sie drei bis vier Stängel schrägspiralenförmig übereinander. Legen Sie jeden neuen Stängel schräg darauf. Fixieren Sie die Stängel mit Gummiband, Schnur oder Bast. Schneiden Sie die Stängel ab – in der Mitte sollten sie länger sein als am Rand.

### KNOPFLOCHSTRÄUSSE

Warten Sie mit einem Knopflochstrauß nicht bis zur nächsten Hochzeit. Statt die Blumen mit einem unansehnlichen Bindedraht zusammenzubinden – der außerdem jedes Knopfloch malträtiert –, nehmen Sie besser Floristenband. Wählen Sie Pflanzen, die nicht sofort verwelken, und wickeln Sie ein Seiden- oder Satinband um die Stängel. Einige Hortensienblüten, Kornblumen, ein einziges Maiglöckchen sehen frisch und hübsch aus. Oder Sie entscheiden sich für Rosmarin, einen winzigen Farnwedel, Eichenblätter und Eicheln.

## Nelken kultivieren

Nelken (*Dianthus*) mit köstlich süßem Duft gehören zu den schönsten nostalgischen Blumen im Landhaus-Garten. Sie brauchen einen sonnigen Standort, durchlässigen Boden und viel Wasser während Trockenzeiten. Nach einiger Zeit verholzen sie und fallen auseinander. Sie verjüngen ältere Pflanzen im Spätfrühling durch Stecklinge, indem Sie vorsichtig nicht blühende Triebe abknipsen und unterhalb eines Blattknotens abschneiden. Drücken Sie die Stecklinge an den Rand eines Blumentopfes (Topferde und Hygromull 1:1). Stellen Sie den Topf an eine schattige Stelle; nicht abdecken und vorsichtig gießen, damit die Pflänzchen nicht verfaulen. Sobald sie sich etabliert haben, knipsen Sie die Spitzentriebe ab, um buschiges Wachstum zu fördern. Im Frühherbst werden die Jungpflanzen in den Garten umgesetzt.

# Potpourri

**Um den Ruf der Potpourris ist es nicht gut bestellt. Preiswerte kommerzielle Produkte mit künstlichen Duftnoten und in grellen Farben sind eher Raumsprays als nostalgische Duftspender. Potpourris aus Kräutern und Blumen aus dem eigenen Garten spielen dagegen in einer ganz anderen Liga: Sie duften zart und subtil – es sind wunderbare Geschenke.** Hinweise auf stark duftende Rosen, siehe S. 90.

## Feuchtes Potpourri

**Die Herstellung feuchter Potpourris kostet mehr Zeit, dafür ist ihr Duft intensiver. Wenn er nachlässt, rühren Sie ein paar Tropfen Weinbrand unter, das frischt sie wieder auf.**

**mehrere Handvoll Rosenblüten, voll erblüht**
**grobes Meersalz**
**je 30 g Zimt, Piment und Muskat, gemahlen**
**10 g Gewürznelken, gemahlen**
**100 g Iriswurzel, gemahlen**
**Saft und Zesten von 3 Zitronen**
**50 ml Weinbrand**
**20 Tropfen der folgenden Duftöle: Indianernessel, Lavendel, Rosenölessenz (Rose maroc, Zentifolienöl)**

Weitere getrocknete Blüten und Kräuter: Bartnelke, Duftgeranien (Blätter), Geißblatt, Indianernessel (Blüten und Blätter), Jasmin, Lavendelblüten, Nelken, Stiefmütterchen, Wermut, Zitronenmelisse, Zitronenstrauch.

Sammeln Sie die Rosenblätter während des Sommers in einem großen Glas – jeweils eine Handvoll Rosenblüten auf eine Handvoll Salz. Nach einigen Monaten werden die Gewürze, Iriswurzel, Zitronensaft und -zesten sowie die Duftöle mit den Rosen und anderen getrockneten Blüten und Blättern gemischt. Träufeln Sie den Weinbrand darüber. Sollte die Mischung zu feucht werden, fügen Sie etwas mehr Iriswurzel hinzu. Das Glas wird vor Gebrauch mehrere Monate an einem kühlen, dunklen Platz abgestellt.

## Trockenes Potpourri

**Ein trockenes Potpourri ist zwar einfacher herzustellen, doch der Duft verfliegt schneller. Zusätzliche Spritzer von Duftöl frischen ihn auf.**

**250 g trockene Rosenblütenblätter**
**150 g trockene Lavendelblüten**
**30 g Iriswurzel, gemahlen**
**15 g Benzoeharz, pulverisiert**
**1 Teelöffel Zimt, gemahlen**
**je 30 Tropfen Duftöl: Indianernessel, Lavendel, Rosenölessenz (Rose maroc)**

**Dazu die unten aufgeführten Blüten und Kräuter.**

Geben Sie Iriswurzel, Benzoeharz und Zimt in eine kleine Schüssel; tropfenweise Duftöle darüber geben und mit den Fingern gut vermischen.

Mischen Sie die anderen Zutaten in einer Schüssel und verteilen Sie die Ölmischung darüber; gut verrühren. Lassen Sie das Potpourri in einem großen Glas mindestens einen Monat an einem kühlen, dunklen Ort stehen.

**ANDERE TROCKENBLUMEN UND -KRÄUTER Für feuchte oder trockene Potpourris eignen sich auch: Indianernessel (Blüten und Blätter), Zesten von Zitrusgewächsen, Geißblatt, Jasmin, Melisse, Zitronenstrauch, Lavendel (Blüten), Myrthe, Nelken, Duftgeranien (Blätter), Seifenkraut, Veilchen und Wermut.**

## Rosen für Duftmischungen kultivieren

Für Infusionen, in Potpourris oder in der Küche brauchen Sie stark duftende Rosensorten. Suchen Sie nach alten Sorten wie den Alba-, Damaszener- und Gallica-Rosen (die Apothekerrose *Rosa gallica* var. *officinalis* galt seit der Antike als Heilmittel).

Pflücken Sie die Rosenblüten morgens, nachdem der Tau verdunstet ist. Zupfen Sie die Blütenblätter vorsichtig ab und legen Sie sie auf einen Trockenrahmen (feinmaschiger Draht auf einen alten Bilderrahmen gespannt) oder ein Kuchengitter. Lassen Sie die Blätter unter gelegentlichem Wenden mehrere Tage lang trocknen. Die völlig trockenen Blütenblätter werden in einem luftdicht verschließbaren Glas an einem dunklen Ort gelagert.

# Lippenbalsam

**Der Lippenbalsam in den kleinen Tiegeln kann sogar noch mehr: Er eignet sich auch bestens als Nagel- und Nagelhautcreme.** Ergibt 8 Töpfchen.

**130 ml Mandelöl (süß)**
**20 g getrocknete Rosenblütenblätter, Pfefferminze oder Lavendel**
**70 g Bienenwachs, gerieben**
**1 Esslöffel Honig**
**2 Vitamin-E-Kapseln**

**kleine Glas-, Metall- oder Plastiktöpfe; etwa 25 ml ist eine gute Größe**

Erwärmen Sie das Öl mit Rosenblüten, Pfefferminze oder Lavendel in einem kleinen Topf vorsichtig auf sehr kleiner Flamme (etwa 5 Minuten) – das Öl darf nicht kochen. Sieben Sie es in eine kleine, hitzebeständige Schüssel; die festen Bestandteile werden verworfen.

Stellen Sie die Schüssel über einen Topf mit schwach simmerndem Wasser (der Schüsselboden darf das Wasser nicht berühren). Rühren Sie Bienenwachs und Honig hinein und rühren Sie, bis das Wachs geschmolzen und eine homogene Masse entstanden ist. Vom Herd nehmen und Vitamin E aus den Kapseln (mit einer Nadel aufstechen) in den Lippenbalsam drücken. Füllen Sie die Töpfe; abkühlen lassen und verschließen.

## Gesichtspeeling mit Rosen und Hafermehl

**Dieses Peeling duftet herrlich und nährt die Haut. Das Hafermehl entfernt Hautunreinheiten sehr sanft und eignet sich auch für sehr empfindliche Haut.**

Ergibt 60 g.

**40 g Haferflocken**
**20 g getrocknete Rosenblütenblätter**
**4 Tropfen Rosenölessenz (Rose Maroc)**
**Küchenmaschine oder Mixer**
**hübsches Glas**

Verarbeiten Sie Haferflocken und Rosenblätter in der Küchenmaschine oder einem Mixer zu einer feinen Konsistenz. Träufeln Sie die Ölessenz darüber; noch einen kurzen Puls mit der Maschine. Füllen Sie die Mischung in ein kaltes, sterilisiertes Glas. Vermischen Sie vor Gebrauch einige Teelöffel der Mischung mit Wasser zu einer glatten Paste. Nehmen Sie bei sehr empfindlicher oder trockener Haut Milch statt Wasser. Streichen Sie die Masse über Gesicht und Hals; eine Minute einwirken lassen und dann mit sanften, kreisenden Bewegungen in die Haut einarbeiten. Waschen Sie das Peeling mit lauwarmem Wasser ab und trocknen Sie die Haut mit einem weichen Handtuch.

Das Gesichtspeeling kann vier Monate aufbewahrt werden.

**KREATIV VERPACKEN** **Binden Sie ein Etikett mit der Gebrauchsanweisung um das Glas. Wenn die Beschenkte Rosen mag, legen Sie noch ein Rosenmilchbad dazu (siehe S. 94).**

### Rosenschädlinge abschrecken

**Der starke Duft von Zwiebelgewächsen soll Blattläuse von Rosen fernhalten und die Gefahr einer Infektion mit Sternrußtau reduzieren. Blühende Horste von Schnittlauch (siehe S. 23) sehen zwischen den Rosen sehr hübsch aus. Manche Gärtner schwören darauf, dass er den Rosenduft intensiviert.**

# Rosenwasser

**Sie können mit den üblichen Küchengeräten Ihr eigenes Rosenwasser destillieren – einfach und sehr befriedigend. Rosenwasser ist ein originelles und großzügiges Geschenk. Zusammen mit ein paar Zutaten wird es zum sanften, nährenden Hautreiniger.** Ergibt etwa 1 l Rosenwasser und 300 ml Hautreiniger.

### FÜR DAS ROSENWASSER:

**stark duftende Rosenblütenblätter, die drei Litergläser füllen (angenehm duftende Sorten stehen auf S. 90)**

### FÜR DEN HAUTREINIGER:

**300 ml Rosenwasser**
**1 Esslöffel Glyzerin**
**1 Esslöffel Zaubernusswasser (Hamamelis)**
**6 Tropfen Rosenölessenz (*Rose Maroc*)**

**ein Ziegelstein**
**großer Topf mit leicht gewölbtem Deckel**
**hitzebeständige Schüssel mit mindestens 1 l Fassungsvermögen**
**ein Beutel Eiswürfel**
**Trichter**
**Dunkle Glasflaschen**

Legen Sie den Ziegelstein in den Topf und stellen Sie die Schüssel darauf. Verteilen Sie die Blütenblätter um den Stein und füllen Sie Wasser ein, bis Blätter und Stein bedeckt sind.

Legen Sie den Deckel umgekehrt auf; das Wasser läuft auf seiner Oberfläche entlang in die Schüssel. Bringen Sie das Wasser zum Kochen und legen Sie eine Handvoll Eiswürfel außen auf den umgekehrten Deckel, sodass der aufsteigende Dampf innen auf dem Deckel kondensiert und in die Schüssel tropft.

Nehmen Sie alle 15 Minuten den Deckel ab und entnehmen Sie einen Teelöffel Rosenwasser. Es sollte sehr stark nach Rosen duften und schmecken. Lassen Sie die Blätter nicht zu lange simmern, denn nach 40-50 Minuten nimmt das Aroma deutlich ab.

Heben Sie vorsichtig die Schüssel heraus und stellen Sie sie in eine andere Schüssel mit Eiswasser – das Rosenwasser muss so schnell wie möglich kalt werden. Gießen Sie es durch einen Trichter in kalte, sterilisierte, dunkle Flaschen; in den Kühlschrank stellen.

Mischen Sie für den Hautreiniger vorsichtig alle Zutaten zusammen. Gießen Sie es durch einen Trichter in kalte, sterilisierte, dunkle Flaschen.

Rosenwasser und Hautreiniger halten sich im Kühlschrank höchstens einen Monat.

### JASMINWASSER

**Falls Sie sehr viele Jasminblüten geerntet haben, können Sie mit derselben Methode auch köstlich duftendes Jasminwasser herstellen. Füllen Sie es in eine Sprühflasche und sprühen Sie es zur Aufmunterung in ihr Gesicht, auf das Kopfkissen oder ins Zimmer; zur Kultur von Jasmin siehe S. 109.**

### DIE EIGENSCHAFTEN VON ROSEN

**Viele Menschen finden es anregend und wohltuend, an einem Sommertag durch einen süß und schwer duftenden Rosengarten zu spazieren. Rosenöl wird seit alters in Schönheits- und Pflegemitteln verwendet, denn sein Duft steigert nicht nur das Wohlbefinden. Cremes, Lotionen und Öle lassen Hautrötungen abklingen und pflegen trockene oder sensible Haut. Das Öl ist sehr teuer, denn zu seiner Herstellung werden große Mengen Blüten verbraucht. Rosenwasser ist ein mildes und preiswertes Mittel, um von den fast magischen Eigenschaften der Rosen zu profitieren. Es wirkt zwar weniger intensiv, hat aber antiseptische, beruhigende Eigenschaften und spendet Feuchtigkeit.**

## Rosen beschneiden

Der Gedanke an den nächsten Rosenschnitt macht selbst erfahrene Gärtner nervös. Fassen Sie sich ein Herz. Eine Studie der *Royal National Rose Society* hat ergeben, dass ein Rosenstrauch, der mit der Heckenschere auf die Hälfte gekürzt wurde, genauso viele Blüten trug wie ein konventionell beschnittener Strauch. Vielleicht sollten Sie nicht ganz so drastisch vorgehen, sondern ein paar einfache Regeln beachten.
Schneiden Sie die Rosen im Vorfrühling, wenn die Knospen zu schwellen beginnen. Benutzen Sie eine saubere, scharfe Schere und entfernen Sie zuerst alle toten, kranken oder beschädigten Zweige. Schneiden Sie jeweils über einer nach außen weisenden Knospe schräg von der Knospe weg. Dann entfernen Sie alle schwachen oder sich kreuzenden Triebe. Oft reicht es, die Rose um die Hälfte oder sogar zwei Drittel einzukürzen. Alte, einmal blühende Sorten müssen nur ein wenig in Form geschnitten werden. Bei Kletterrosen werden die Triebe des Vorjahres bis auf 20 cm zurückgeschnitten und die starken Triebe festgebunden. Ramblerrosen dürfen ruhig wild wachsen, doch Sie sollten das alte Holz etwas auslichten und neue Triebe festbinden.

# Rosen-Bademilch

**Es ist ein gutes Gefühl zu wissen, dass man aus bescheidenen Zutaten ein luxuriöses Geschenk herstellen kann, das eines Modebades würdig wäre. Milchpulver befeuchtet die Haut, Bittersalz entspannt müde Gelenke und soll dem Körper Gifte entziehen.** Ergibt 340 g.

**200 g Milchpulver**
**120 g Bittersalz (Apotheke)**
**12 Tropfen Rosenölessenz (*Rose Maroc* Absolue)**
**20 g getrocknete Rosenblütenblätter**

Verrühren Sie in einer Schüssel das Milchpulver mit dem Bittersalz. Träufeln Sie das Rosenöl darüber; gut mischen. Geben Sie die Mischung über die Rosenblätter und vermengen Sie alles gründlich; in einen luftdichten Behälter füllen. Eine Handvoll davon, unter den laufenden Wasserhahn gestreut, bietet Ihnen ein luxuriöses, entspannendes Bad.

# Rosen-Handcreme

**Diese süß duftende Creme ist ein gutes Geschenk für passionierte Gärtner, deren Hände rau und trocken sind.** Ergibt etwa 320 g.

**100 ml Mandelöl (süß) oder Jojobaöl**
**50 g Sheabutter**
**20 g Bienenwachs, gerieben**
**100 ml Rosenwasser**
**½ Teelöffel Benzoetinktur (ein natürliches Konservierungsmittel)**
**4 Tropfen Rosenölessenz (Rose Maroc)**
**4 Tropfen Lavendelöl (optional; es fördert die Heilung kleiner Risse und Kratzer auf der Hand nach harter Arbeit)**
**dunkle/s Glas/Gläser**

Stellen Sie eine hitzebeständige Schüssel über einen Topf mit schwach simmerndem Wasser; der Schüsselboden darf das Wasser nicht berühren. Gießen Sie Mandel- oder Jojobaöl, Sheabutter und Bienenwachs hinein und rühren Sie, bis das Wachs geschmolzen ist. Lassen Sie die Schüssel abkühlen und mischen Sie den Inhalt in Küchenmaschine oder Mixer eine Minute lang durch.
Mischen Sie Rosenwasser, Benzoetinktur und die Duftöle. Gießen Sie die Flüssigkeit bei laufendem Motor zu der Wachs-Öl-Mischung und lassen Sie die Maschine laufen, bis eine glatte Emulsion entstanden ist. Übertragen Sie sie mit einem Spatel in kalte, sterilisierte Gefäße; verschließen.

Die Handcreme hält sich im Kühlschrank drei bis vier Wochen.

# Baisers mit Rosenblättern und Pistazien

**Die Mischung aus Pistazien und Rosen gibt diesem traditionellen, englischen Gebäck einen nahöstlichen Touch. Für dieses Rezept brauchen Sie den Rosenblütenzucker (siehe S. 98). Wenn Sie die Baisers einem/r passionierten Koch/Köchin schenken, legen Sie ihm/ihr ein Glas mit dem duftenden Zucker dazu – zum Backen.** Ergibt etwa 8 mittelgroße Baisers.

**4 Eiweiß, Zimmertemperatur**
**240 g Rosenblütenzucker (siehe S. 98)**
**1 Esslöffel Rosenwasser**
**60 g geschälte, ungesalzene Pistazien, grob gehackt**

Überzeugen Sie sich, dass Schüssel und Schneebesen peinlich sauber sind, bevor Sie beginnen. Legen Sie ein Backpapier auf ein Backblech und heizen Sie den Backofen auf 150° C vor.

Schlagen Sie das Eiweiß steif. Geben Sie den Rosenblätterzucker löffelweise dazu und schlagen Sie weiter kräftig, bis der Zucker verbraucht und die Mischung steif und glänzend ist. Träufeln Sie das Rosenwasser darüber und streuen Sie zwei Drittel der Pistazien auf; mit einem Metalllöffel vorsichtig unterziehen.

Löffeln Sie die Mischung in großzügigen Portionen auf das Backpapier und streuen Sie die restlichen Pistazien darüber. In den Ofen schieben und die Hitze sofort auf 110° C reduzieren. Backen Sie die Baisers ca. 45 Minuten lang, bis man sie vom Backpapier heben kann, ohne dass sie kleben bleiben. Schalten Sie den Ofen aus; die Baisers trocknen aus, während er erkaltet.

In einem luftdichten Gefäß halten sich die Baisers drei bis vier Tage.

**KREATIV VERPACKEN** Verschenken Sie dieses Gebäck im Sommer, und fügen Sie einen Strauß frische Rosen aus Ihrem Garten hinzu. Selbstgezogene Blumen haben einen ganz anderen Zauber als gekaufte.

## Rosen mit nackten Wurzeln pflanzen

Kaufen Sie, wenn möglich, Rosen mit nackten Wurzeln. Große Anbieter versenden die Wurzelstöcke in den Wintermonaten – sie werden sofort eingepflanzt (vorher eine Stunde in einen Wassereimer stellen).

Graben Sie ein Loch, so breit und tief wie ein Spaten. Geben Sie nach Packungsangaben einen organischen Dünger dazu (z. B. Guano). Stellen Sie die Rose mit ausgebreiteten Wurzeln mitten in das Loch. Die Veredelungsstelle soll 2,5 cm unter der Erde liegen. Schaufeln Sie die Erde zurück und treten Sie die Wurzeln vorsichtig fest. Gießen und den Stamm großzügig mulchen. Schneiden Sie die Triebe etwa 15 cm oberhalb des Bodens über einem nach außen weisenden Auge ab.

## Hagebuttengelee

**Aus den schönen Hagebutten lässt sich ein köstlich aromatisches und ungewöhnliches Gelee zubereiten. Es schmeckt wunderbar auf Toast oder Brötchen, vor allem in Kombination mit Frischkäse oder Sahnequark. Sie können damit auch den Bratensatz von gebratenem Schweinefleisch, Wild oder Ente lösen und eine schnelle Soße zubereiten.** Ergibt etwa 5 Gläser (220 g).

**600 g Hagebutten; alle Blätter abgezupft**
**1,5 kg Kochäpfel**
**Gelierzucker**
**Zitronensaft**

**Küchenmaschine**
**Einkochtopf oder großer Edelstahltopf**
**Abtropftuch oder Musselin, Küchengarn**
**5 Gläser (je 220 g)**

Füllen Sie die Hagebutten in die Küchenmaschine; ein paar Mal kurz laufen lassen. Geben Sie sie mit 300 ml Wasser in einen Topf. Aufkochen und 45-60 Minuten simmern lassen, bis die Hagebutten sehr weich sind. In ein Abtropftuch über eine Schüssel geben und über Nacht stehen lassen (oder ein Sieb mit Musselin auskleiden, die Hagebutten hineingeben und über die Schüssel hängen). Versuchen Sie nicht, das Tuch auszudrücken, sonst wird das Gelee trüb.

Zerteilen Sie die Kochäpfel in grobe Stücke, ohne sie zu schälen oder zu entkernen, und kochen Sie sie in 300 ml Wasser zu einem weichen, schaumigen Mus (etwa 15 Minuten), das Sie ebenfalls durchseihen. Mit mehreren Tüchern können Sie beides parallel erledigen, sonst heben Sie den Hagebuttensaft im Kühlschrank auf, bis der Apfelsaft fertig ist.

Lassen Sie die Säfte im Kühlschrank kalt werden und gießen Sie beide zusammen (Menge messen). Geben Sie pro 600 ml Saft 450 g Zucker hinzu und erhitzen Sie die Mischung mit dem Zitronensaft bei schwacher Hitze, bis der Zucker sich gelöst hat. Sprudelnd kochen lassen, bis ein Tropfen auf einer gekühlten Untertasse binnen einer Minute Falten zieht, wenn Sie den Finger aufdrücken. Nehmen Sie evtl. Schaum ab. Das Gelee kommt in heiße, sterilisierte Gläser und hält sich am kühlen, dunklen Ort zwei Monate.

## Duftzucker

**Zucker bewahrt die süßen Düfte von Blütenblättern, Blättern und Kräutern. Duftender Zucker verleiht Backwaren, Fruchtpuddings, Eiscremes, Marmeladen, Tees oder Vanillepudding ein zartes Aroma.**
Ergibt 250 g Duftzucker.

**PRO ANSATZ:**
**250 g Kristallzucker**

**ALS AROMASTOFFE EIGNEN SICH:**
**2 Esslöffel Lavendel**
**eine kleine Handvoll Rosenblütenblätter**
**12–15 Zitronenstrauchblätter**
**12–16 Pfefferminzblätter**
**6–8 Blätter der Duftgeranie**

**Mörser mit Stößel**
**Gläser**

Mischen Sie den Zucker mit dem erwünschten Duftspender. Verreiben Sie Zucker und Blätter in einem Mörser oder kurz in einer Küchenmaschine, um den Duft zu übertragen. Schütten Sie den Zucker in ein Glas; vor Gebrauch sieben.

### DIE BESTEN HAGEBUTTEN

**Sammeln Sie auf Spaziergängen wilde Hagebutten der Hundsrose (*Rosa canina*) oder pflanzen Sie Hundsrosen oder ihre Hybriden im Garten. Auch die alten *R.-rugosa*-Sorten liefern im Herbst wunderschöne Hagebutten.**

# Ringelblumenkäse

## Wenn die Milch für diesen einfachen Frischkäse mit Ringelblumen gefärbt wird, nimmt er eine schöne goldene Farbe an. Der Käse wird in Salate gekrümelt oder auf Crackern gegessen.

Ergibt etwa 400 g Käse.

**2 l Milch vom Biobauern; frisch oder nicht homogenisiert**
**20 g getrocknete Ringelblumenblüten**
**eine Prise Salz**
**2 Esslöffel Lab aus der Apotheke, dem Bioladen oder Supermarkt**

**Thermometer (optional)**
**Musselin**

Der Käse gelingt nur, wenn die Milch unbehandelt und frisch ist, zumindest aber nicht homogenisiert wurde (Sie erkennen das an der Schicht Sahne oben in der Flasche).

Gießen Sie die Milch in einen Edelstahltopf und fügen Sie Ringelblumenblüten und Salz hinzu. Erwärmen Sie die Milch vorsichtig auf 38° C (Körpertemperatur). Wenn Sie kein Thermometer haben, sollte sich die Milch am Finger weder heiß noch kalt anfühlen. Nehmen Sie den Topf vom Herd, rühren Sie das Lab ein und lassen Sie die Milch 15 Minuten lang stehen. Dabei steigt der Käsebruch an die Oberfläche, die Molke bleibt unten.

Kleiden Sie ein Sieb mit einer doppelten Lage Musselin aus. Heben Sie den Käsebruch mit einem Schaumlöffel vorsichtig ab und füllen Sie ihn in das Tuch. Binden Sie die Ecken zusammen und hängen Sie das Tuch 3 Stunden über eine Schüssel. Sie können den Bruch bis zu 24 Stunden hängen lassen, dann wird der Käse härter. Holen Sie den Käse aus dem Tuch und heben Sie ihn abgedeckt in einer Schüssel im Kühlschrank auf.

Im Kühlschrank hält sich der Käse etwa 3 Tage.

### Ringelblumenblüten trocknen

**Pflücken Sie die voll entfalteten Blütenköpfchen an einem sonnigen Tag, wenn der Tau verdunstet ist. Lassen Sie die Blüten auf einem Trockenrahmen (feinmaschiger Draht auf einen alten Bilderrahmen gespannt) an einem trockenen, schattigen, gut belüfteten Ort trocknen; regelmäßig wenden, bis sie papiertrocken sind. Zupfen Sie die Blüten aus den Köpfchen und lagern Sie sie bis zum Gebrauch in einem dunklen Glas oder undurchsichtigen Behälter.**

**Ringelblumen färben einfachen Käse, können aber auch in Tee (siehe S. 57), Risotto, Pilaw oder Pflegemitteln verwendet werden.**

**KREATIV VERPACKEN** **Dieser einfache Käse ist das perfekte Mitbringsel für ein Sommerpicknick. Transportieren Sie ihn in einer Musselinhülle im kleinen Korb. Ein paar frische Ringelblumen dabei machen sich gut. Blütenblätter, die Sie mit dem zerkrümelten Käse aufstreuen, schmücken jeden Salat.**

# Seife mit Ringelblumen, Honig und Hafermehl

**Seifen selbst zu machen ist ebenso befriedigend wie köstliche Rezepte auszuprobieren. Sie können die Zutaten Ihrer Stimmung anpassen, sich aufmuntern oder entspannen. Diese Mischung ist wohltuend und beruhigend. Ringelblumen schützen vor Entzündungen, Honig nährt und befeuchtet die Haut, und Hafermehl garantiert ein sanftes Peeling. Den passenden, aufmunternden Duft liefern Ölessenzen der Zitrone.** Ergibt zehn Seifen (je 50 g).

**500 g feste, weiße Seife**
**3 Esslöffel flüssiger Honig**
**5 Esslöffel getrocknete Ringelblumenblüten**
**4 Esslöffel grobes Hafermehl**
**10 Tropfen Bergamotte-, Neroli- oder Mandarinenölessenz**
**1 Esslöffel Mandelöl (süß) oder Erdnussöl**

**Seifen- oder Törtchenformen**

Reiben Sie die Seife mit den groben Löchern einer Küchenreibe in eine hitzebeständige Schüssel (sie sollte über einen Topf passen); wenn Sie ein Bain-Marie besitzen, umso besser. Geben Sie den Honig dazu. Stellen Sie die Schüssel auf einen Topf mit schwach simmerndem Wasser (der Schüsselboden darf das Wasser nicht berühren). Schmelzen Sie unter gelegentlichem Rühren Seife und Honig, bis die Mischung flüssig und homogen ist.

Nehmen Sie die Schüssel vom Herd. Rühren Sie Ringelblumen, Mehl und Ölessenzen ein. Ölen Sie die Formen dünn mit Mandel- oder Erdnussöl ein. Gießen Sie die flüssige Seife in einen Krug und dann in die Förmchen; vorsichtig auf den Tisch stoßen, damit Luftblasen aufsteigen (nicht nötig bei Silikonformen). Lassen Sie die Seife mindestens 4 Stunden erkalten.

Drücken Sie die Seife aus den Silikonformen heraus; bei Metallformen müssen Sie vorsichtig mit einem Messer nachhelfen. Nun muss die Seife bis zum Gebrauch noch drei bis vier Wochen an einem kühlen, trockenen Platz aushärten.

**KREATIV VERPACKEN** **Neue oder alte Törtchenformen vom Trödelmarkt geben sehr hübsche Seifenformen ab. Sie können die Seifen auslösen oder mit den Förmchen als Zugabe verschenken.**

## RINGELBLUMEN KULTIVIEREN

**Ringelblumen (*Calendula officinalis*) sind eine Bereicherung für jedes sonnige Beet, sie wachsen aber auch sehr gut im Topf. Ihre Kultur ist so einfach, wie die Blüten hübsch sind.**
**Säen Sie die Samen im Abstand von 25 cm im Frühling direkt ins Beet. Ideal ist ein nährstoffreicher, durchlässiger Boden, obwohl Ringelblumen auch unter schlechteren Bedingungen gedeihen. Schneiden Sie während des Sommers Verblühtes ab, um eine Nachblüte anzuregen. Einige Blüten sollten ausreifen dürfen – sammeln Sie die Samen.**

## Ringelblumen-Gesichtstonikum

**Die Blüten der Ringelblume haben natürliche antiseptische Eigenschaften und werden seit Jahrhunderten genutzt, um den Teint zu pflegen. Dieses milde Tonikum eignet sich für alle Hauttypen.**

Ergibt etwa 750 ml.

**25 g getrocknete Ringelblumenblüten**
**Zaubernusswasser (Hamamelis)**
**4 Esslöffel Rosenwasser**
**2 Esslöffel Glyzerin**
**1 Teelöffel Benzoetinktur (natürliches Konservierungsmittel; in Apotheken, Läden für Naturkosmetik oder im Internet)**

**Musselin**
**hübsche Flaschen**

Geben Sie die Ringelblumenblüten in eine Glasschüssel und gießen Sie 500 ml kochendes Wasser darüber; abdecken und drei bis vier Stunden stehen lassen. Kleiden Sie ein Sieb mit Musselin aus und seihen Sie das Wasser in einen Krug (Menge messen). Rühren Sie dieselbe Menge Zaubernusswasser sowie das Rosenwasser, Glyzerin und die Benzoetinktur ein. Füllen Sie es mit einem Trichter in Flaschen.

Das Tonikum hält sich etwa einen, im Kühlschrank sogar zwei Monate.

### RINGELBLUMEN & CO.

**Die Ringelblume wird in der Küche und wegen ihren antiseptischen und wohltuenden Eigenschaften auch als Heilpflanze und für Pflegeprodukte verwendet. Die Blüten der ähnlichen Studentenblume (*Tagetes*) sind nicht essbar. Dennoch sollten Sie einige Studentenblumen pflanzen, denn ihre Wurzeln sondern einen Stoff ab, der Wurzelälchen und Schnecken abschreckt. Als Nachbarn von Tomaten sollen sie Mottenschildläuse vertreiben.**

## Salbeiwasser als Hauttonikum

**Salbei enthält stark antiseptisch wirkende Substanzen und bekämpft fettige Haut. Daher ist das Tonikum ein fürsorgliches Geschenk für Teenager, die unter Hautunreinheiten leiden.**

Ergibt etwa 300 ml.

**20 g frische Salbeiblätter**
**1 Esslöffel Apfelessig**
**1 Teelöffel Glyzerin**
**1/4 Teelöffel Benzoetinktur (natürliches Konservierungsmittel; in Apotheken, Läden für Naturkosmetik oder im Internet)**

**Musselin oder Kaffeefilter**
**kleiner Trichter**
**dunkle Glasflasche (300 ml)**

Zerdrücken Sie die Salbeiblätter mit der Hand in einer Schüssel, bis der aromatische Duft aufsteigt. Gießen Sie 300 ml kochendes Wasser darüber und lassen Sie die Infusion 20 Minuten lang stehen.

Kleiden Sie ein Sieb mit Musselin aus (ein Kaffeefilter erfüllt denselben Zweck) und seihen Sie die Salbeiinfusion in einen Krug oder Schüssel. Pressen Sie mit dem Löffelrücken möglichst viel Flüssigkeit aus den Blättern heraus. Rühren Sie Essig, Benzoetinktur und Glyzerin dazu und füllen Sie alles in eine kalte, sterilisierte Flasche; verschließen und im Kühlschrank aufbewahren. Das Tonikum wird mit einem Baumwollpad zweimal täglich nach dem Waschen aufgetragen.

Das Tonikum hält sich im Kühlschrank eine Woche lang.

## Garten in der Teetasse

**Einzelne Teetassen bekommt man preiswert auf Floh- und Antikmärkten oder im Ausverkauf. Sie geben wunderschöne Töpfe für kleine Blumen, Blatt- oder Zwiebelpflanzen ab. Dank ihrer geringen Größe passen sie auf jeden Nachttisch, auf Tische oder neben die Badewanne, wo man ganz in Ruhe ihre Muster, Formen, Farben und Düfte genießen kann.**

**GUTE PFLANZEN FÜR DIE TEETASSE:**

- Gänseblümchen (*Bellis perennis*)
- Kleinblättriger Efeu
- Kleine Hauswurz
- Krokus
- Maiglöckchen
- Schlüsselblumen
- Schneeglöckchen
- Veilchen
- Zwerg-Alpenveilchen
- Zwerg-Narzissen ('Tête à Tête' und andere)
- Zwergiris

**NOCH MEHR PFLANZGEFÄSSE:**

- Zuckerdosen
- Milchkrüge
- Teekannen

**SIE BRAUCHEN:**

- Tasse und Untertasse oder ein anderes Gefäß
- Geschirrhandtuch
- Kreppband
- Stift
- Kleiner Keramikbohrer
- Bohrmaschine
- Schutzbrille

Tassen, die Sie in Pflanzgefäße verwandeln möchten, brauchen Drainagelöcher im Boden. Kleben Sie ein Kreppband innen auf den Tassenboden. Drehen Sie die Tasse um und stellen Sie sie auf ein Brett, auf dem das Geschirrhandtuch liegt. So steht die Tasse fest, und der Bohrer kann nicht aus Versehen in die Arbeitsplatte dringen. Kleben Sie auch den Tassenboden mit Krepp ab und markieren Sie die Mitte mit einem Kreuz.

Setzen Sie die Schutzbrille auf und bohren Sie mit dem Keramikbohrer bei geringer Umdrehungszahl ein Loch in den Tassenboden. Entfernen Sie das Klebeband.

### TRAUBENHYAZINTHEN KULTIVIEREN

**Mitten im Winter, wenn draußen alles kahl aussieht, verbreiten die intensiv blauen Blütenstände mit ihrem zarten Duft Optimismus und erwärmen das Herz. Verteilen Sie kleine Gefäße mit Traubenhyazinthen (*Muscari*) als Vorboten des Frühlings überall in der Wohnung.**

### BLUMENZWIEBELN IN TEETASSEN KULTIVIEREN

**Füllen Sie im Herbst Topferde in mindestens 8 cm tiefe Töpfe und drücken Sie die kleinen Zwiebeln nebeneinander in die Erde – die Spitzen sollten bis zur Topfkante reichen. Streuen Sie noch etwas Erde darüber; wenig gießen. Stellen Sie die Töpfe mehrere Wochen bei 4° C in einen dunklen Schuppen oder Keller. Wenn der Boden eben feucht ist, treiben die Sprossen nach 8–10 Wochen aus. Sobald sie zu sehen sind, nehmen Sie die Gefäße ins Haus; gut gießen. Die Blüten erscheinen in einem kühlen Zimmer ohne direktes Sonnenlicht nach 3–4 Wochen.**

# Sprudeltabletten für das Bad

## Stellen Sie diese Sprudeltabletten ganz nach Stimmung mit unterschiedlichen Zutaten zusammen: Kamille wirkt entspannend, während Jasmin sinnlich und aufbauend wirkt.

Ergibt je nach Größe der Form 6–8 Sprudeltabletten.

**300 g Backnatron (Natriumbikarbonat)**
**150 g Zitronensäure (Apotheke oder im Internet)**
**5 Esslöffel getrocknete Kamillen- oder Jasminblüten**
**12 Tropfen Ölessenz (Kamille oder Jasmin)**
**Zaubernusswasser (Hamamelis)**

**Sprühflasche**
***Bath Bomb Moulds* (Internet) oder Silikonformen für Eiskugeln**

Sieben Sie Natron und Zitronensäure portionsweise zusammen, bis alles gut vermischt ist. Mischen Sie die getrockneten Blüten bei und träufeln Sie die Ölessenz darüber. Verrühren Sie die Zutaten und sprühen Sie dabei das Zaubernusswasser darauf. Die Flüssigkeit muss gerade ausreichen, um den Kugeln Festigkeit zu geben, ohne dass die Substanzen miteinander reagieren. Wenn sich die Mischung zu Kugeln ballen lässt, wird sie mit der Hand geformt oder sehr fest in die Formen gedrückt.

Nach einer Stunde legen Sie die Kugeln auf Backpapier; sie müssen ein paar Stunden (über Nacht) aushärten.

In einem luftdichten Gefäß bleiben die Kugeln mehrere Monate gebrauchsfähig.

### Jasmin kultivieren

**Trotz seiner zierlichen Erscheinung ist Jasmin recht anspruchslos. Der Winterjasmin (*Jasminum nudiflorum*) zeigt seine sternförmigen, gelben Blüten auf kahlen Zweigen, wenn sonst kaum etwas blüht. Der Echte Jasmin (*J. officinale*) blüht im Sommer. Die Kletterpflanze braucht einen warmen, sonnigen Standort; sie begrünt Gitter und mit einer Kletterhilfe aus Draht sogar Hauswände. Im Frühling und Sommer braucht Jasmin viel Wasser; nach der Blüte wird er in Form geschnitten.**

**KREATIV VERPACKEN** **Verschenken Sie eine Handvoll dieser Sprudeltabletten in Zellophan mit anderen Bad-Artikeln wie der Gesichtsmaske mit Honig und Fenchel auf Seite 162 oder der Kornblumenkompresse von Seite 118.**

## Pelargonien-Plätzchen mit Mandel- und Zitronenaroma

**Duftzucker gibt diesen einfachen Plätzchen ein reiches, ungewöhnliches Aroma.** Ergibt etwa 20 Plätzchen.

**100 g weiche Butter**
**60 g Duftzucker (siehe S. 98) mit Zitronengeschmack**
**120 g Mehl, gesiebt**
**½ Teelöffel Backpulver**
**25 g Mandeln, gemahlen**
**2 kleine Pelargonienblätter mit Zitronenduft, fein gehackt**
**Zeste einer halben, kleinen Zitrone**
**20 ganze Mandeln**

Heizen Sie den Backofen auf 180° C (Gas Stufe 4) vor und legen Sie zwei Backbleche mit Backpapier aus.

Rühren Sie die Butter mit dem Zucker schaumig. Arbeiten Sie Mehl, Backpulver, gemahlene Mandeln, Pelargoniumblätter und die Zitronenzeste ein. Formen Sie aus dem Teig walnussgroße Kugeln, die Sie mit 3 cm Abstand auf das Backpapier geben und vorsichtig flachdrücken. Drücken Sie jeweils eine Mandel hinein.

Die Plätzchen werden etwa 12 Minuten gebacken, bis sich der Rand goldbraun verfärbt. Lassen Sie die Plätzchen einige Minuten abkühlen, bevor sie auf einem Drahtgitter vollständig auskühlen dürfen.

In einer luftdichten Dose halten sich die Plätzchen drei bis vier Tage.

### PELARGONIEN

**Dieses Rezept ist nur ein Einstieg, denn der Zucker für die Plätzchen kann auch mit anderen „Duftgeranien“ – eigentlich Pelargonien – aromatisiert werden. Probieren Sie:**

**ZITRUSAROMA:**
***P.* ‘Mabel Grey’, *P.* ‘Prince of Orange’, *P.* ‘Lemon Fancy’**

**ROSENAROMA:**
***P.* graveolens, *P.* ‘Attar of Roses’**

**WÜRZIGES AROMA:**
***P.* Fragrans’ (Muskat)**

**PFEFFERMINZAROMA:**
***P. tomentosum***

**KREATIV VERPACKEN** **Einem passionierten Bäcker machen Sie mit einem Glas aromatisiertem Zucker eine besondere Freude.**

# Mottenmittel aus Pelargonien

**Es gibt kaum etwas Ärgerlicheres als einen Pullover, den die Motten angenagt haben. Leider haben Motten ein spezielles Faible für besonders gute, natürliche Materialien, wie Kaschmir, Leinen oder Seide, während sie synthetische Fasern nicht anrühren. Mit diesem natürlichen Mottenmittel aus Pelargonienblättern machen Sie einer Freundin ein praktisches, dauerhaftes Geschenk.**

**1 Pelargonie mit duftenden Blättern (siehe Liste)**
**1 hübscher Blumentopf**

Es gibt Hunderte von Pelargoniensorten oder „Duftgeranien", doch gegen Motten wirken am besten die stark duftenden Formen. Füllen Sie Säckchen mit getrockneten Blättern (siehe S. 35). Sie halten die Motten davon ab, Eier in Schränke und Schubladen zu legen. Das starke Aroma der Blätter verwirrt ihren Geruchssinn.

Wenn Sie Ihrer Freundin einen Topf mit einer Pflanze schenken, kann sie verbrauchte Blätter durch neue ersetzen. Das regt die Pelargonie wiederum an, neue, dichtere Triebe zu bilden – eine Pflanze, die ihren Platz in der Wohnung wirklich verdient.

## Sie vertreiben die Motten

**Die folgenden *Pelargonium*-Sorten wachsen gut im Zimmer. Sie geben ihr Duftöl ab und verbessern die Luft, wenn Sie darüber streichen. Bei hungrigen Schädlingen sind sie weniger beliebt. Sie vertreiben nicht nur Motten, sondern angeblich auch Mücken.**

**ZITRONENDUFT:**
Prince of Orange; Orange Fizz, Bitter Lemon, Queen of the Lemons

**ROSENDUFT:**
Lady Plymouth, Vandersea, Attar of Roses, Rober's Lemon Rose

**ZEDERNDUFT:**
Painted Lady, Clorinda, Copthorn, Souvenir de Prue

## Pelargonien kultivieren

**Obwohl Pelargonien sehr gut in der Wohnung wachsen, entwickeln sie sich kräftiger, wenn sie im Sommer für einige Wochen ins Freie dürfen. Für optimales Wachstum im Zimmer brauchen sie für einige Stunden täglich direktes Sonnenlicht. Gießen Sie im Frühling und Sommer großzügig, bis das Wasser aus den Dränagelöchern fließt; vor dem nächsten Gießen sollte das Substrat aber fast völlig austrocknen. Versorgen Sie die Töpfe alle paar Wochen mit einem kaliumreichen Pflanzendünger; entfernen Sie regelmäßig abgestorbene Blätter und Verblühtes. Im Herbst wird die Pflanze auf die Hälfte zurückgeschnitten, um buschigen Wuchs anzuregen. Stellen Sie das Gießen im Herbst und Winter fast völlig ein, bis sich im Frühling neues Grün zeigt.**

# Duftendes Raumspray

## Fangen Sie den Duft des Hochsommers in einer Flasche ein.

Ergibt 350 ml Raumspray.

- 20 g frische Rosenblütenblätter
- 15 g frische Duftgeranienblätter
- 10 g frische Zitronenstrauchblätter
- 5 g frische Thymianblätter
- 5 g Lavendelblätter und -blüten
- 100 ml Apfelsinenblüten- oder Rosenwasser
- 4 Tropfen Apfelsinenölessenz
- 4 Tropfen Rosenölessenz
- 4 Tropfen Lavendelölessenz
- 1 Teelöffel Benzoetinktur (natürliches Konservierungsmittel; in Apotheken, Läden für Naturkosmetik oder im Internet)

- Musselin
- Trichter
- hübsche Sprühflaschen

Lassen Sie die Kräuter in 500 ml Wasser 15 Minuten lang simmern; abgedeckt über Nacht ziehen lassen. Kleiden Sie ein Sieb mit Musselin aus und seihen Sie die Infusion in eine Schüssel. Mischen Sie das Apfelsinenblüten- oder Rosenwasser, die Ölessenzen und die Benzoetinktur dazu. Füllen Sie die Mischung mit dem Trichter in die Sprühflaschen.

Das Raumspray hält sich bis zu zwei Wochen, im Kühlschrank bis vier Monate.

### Pelargonien aus Stecklingen kultivieren

**Das Sammeln der zahllosen Sorten von Duft-Pelargonien kann zur Manie werden. Zum Glück lässt sich *Pelargonium* problemlos über Stecklinge vermehren, sodass Sie Sorten mit Freunden tauschen können.**

**Schneiden Sie im Spätsommer 10 cm lange Endtriebe ab und entfernen Sie die unteren Blätter mit einem scharfen Messer bis auf zwei bis drei Blätter an der Spitze. Füllen Sie einen 7,5 cm großen Blumentopf mit Substrat (Aussaaterde und Hygromull oder kompostierte Rinde 1:1). Drücken Sie die Stecklinge in 2,5 cm tiefe Löcher am Rand des Topfes; fest drücken und gießen. Stellen Sie den Topf an einen warmen Ort, aber nicht in die direkte Sonne. Sparsam gießen und umtopfen, sobald sich erste neue Blätter bilden.**

## Stiefmütterchen in Käseschachteln

**Weichkäse wird oft in sehr hübschen Spanschachteln verkauft. Da ich sie nur ungern wegwerfe, pflanze ich Stiefmütterchen und andere kleine Blumen hinein.**
**Die bepflanzten Schachteln geben einfache, preiswerte Tischdekorationen ab – die Gäste dürfen sie mitnehmen. Hohe Deckel kann man sogar für den Transport vorsichtig über die Pflanzen stülpen.**
**In der Blumensprache der viktorianischen Zeit standen Stiefmütterchen, die man Freunden schenkte, für „liebe Gedanken". Diese Bedeutung ist jedenfalls schmeichelhafter als die (überflüssige) Stiefmutter, die durch das fünfte Blütenblatt repräsentiert wird.**

Etliche von Spanschachteln für Käse (für jeden Gast eine andere)
Frischhaltefolie
Topferde
Stiefmütterchen oder andere niedrige Blumen
Moos (optional)

Kleiden Sie die Schachteln mit Folie aus und füllen Sie etwas Topferde ein. Holen Sie die Stiefmütterchen aus den Containern und pflanzen Sie sie in die Schachteln; sehr vorsichtig gießen. Wenn Sie mögen, können Sie die Oberfläche mit Moos abdecken.

Da die Bedingungen keineswegs optimal sind, sollten Sie oder Ihre Gäste die Blumen nach ein paar Tagen in den Garten umpflanzen.

### Stiefmütterchen kultivieren

Stiefmütterchen (Viola x *wittrockiana*) sind die vielleicht fröhlichsten aller Landhaus-Gartenblumen. Wenn sie ihre Blüten der Sonne entgegen recken, sehen sie einfach zauberhaft aus. Die Kultur aus Samen ist nicht einfach (dafür säen sie sich freigiebig selbst aus), doch da Gartencenter für wenig Geld große Auswahl bieten, lohnt die Mühe nicht. Erfreuen Sie sich an den Blüten im Frühling und entfernen Sie regelmäßig Verblühtes, um eine zweite Blüte anzuregen. Wenn sie Samen ansetzen, werden sie kräftig zurückgeschnitten und blühen im Herbst ein weiteres Mal.

ECHIRE
APPELLATION
D'ORIGINE
PROTEGÉE
23%

## Kornblumenkompresse

**Kornblumeninfusionen werden seit Jahrhunderten genutzt, um müde und gereizte Augen zu beruhigen. Vielleicht schenken Sie diese Kompressen einem/r Freund/in der/die lange vor dem Computer sitzt, unter Heuschnupfen leidet oder einen langen Flug hinter sich hat.** Ergibt zehn Kompressen für fünf Behandlungen.

**etwa 40 g getrocknete Kornblumenblüten (Trocknen von Blütenblättern siehe S. 90)**
**Musselin**
**Nähmaschine oder Nadel und Faden**

Schneiden Sie aus dem Musselin 20 Scheiben von je 8 cm Durchmesser aus; je zwei aufeinanderlegen, feststecken und zusammennähen (Naht 1 cm vom Rand). Lassen Sie eine Lücke von 2 cm und geben Sie einen Löffel Blüten hinein; zunähen. Nähen Sie die übrigen Scheibchen zusammen.

Schreiben Sie folgende Gebrauchsanweisung auf ein Etikett oder eine Karte: Übergießen Sie zwei Kompressen in einer kleinen Schüssel mit kochendem Wasser. Lassen Sie die Kompressen bis zum Abkühlen darin liegen, lehnen Sie sich zurück und legen Sie die Kompressen auf die Augen – 10 Minuten entspannen, dann werden die Kompressen entsorgt.

**KREATIV VERPACKEN** **Binden Sie die Kompressen mit einem Band zusammen und legen Sie das Päckchen in eine hübsche Schachtel. Sie können auch ein Tütchen mit Kornblumensamen beifügen. Kornblumen lassen sich leicht kultivieren, und jeder liebt sie im Blumenbeet – zumindest jeder, der sich Ihr Freund nennen darf.**

### KORNBLUMEN KULTIVIEREN

**Kornblumen (*Centaurea cyanus*) brauchen durchlässigen Boden in voller Sonne. Säen Sie die Blumen im Herbst oder Frühling direkt an Ort und Stelle aus – sie blühen vom Spätfrühling durch den ganzen Sommer.**

**Rechen Sie vor der Aussaat den Boden glatt und entfernen Sie Steine und Unkraut. Streuen Sie die Samen dünn aus; einrechen und gründlich wässern. Die auflaufenden Pflänzchen werden auf 30 cm Abstand vereinzelt. Schneiden Sie die Blüten regelmäßig ab, um neue Blüte anzuregen. In der Vase halten Kornblumen sich eine Woche oder länger.**

centaurea cyanus
centaurea cyanus
CORNFLOWER
Field

## Girlanden aus Kiefernzapfen

**Haben Sie eine Freundin, die lieber natürlichen als künstlichen Schmuck mag? Dann liegen Sie mit dieser Girlande aus Kiefernzapfen genau richtig; sie hält viele Jahre lang. Sammeln Sie die Zapfen im Garten oder auf Waldspaziergängen. Wenn ihr Vorrat nicht ausreicht, decken Sie sich in Bastelgeschäften, im Blumenhandel oder im Internet ein.**

jede Menge Kiefernzapfen, mindestens 100 Stück
Papierdraht (Gartencenter, Floristenfachhandel)
Gartenschnur (Jute)
evtl. getrocknete Apfel- und/oder Apfelsinenscheiben (siehe S. 123)
Lorbeerblätter (optional)
große Nadel, wenn Sie Fruchtscheiben und Lorbeerblätter auffädeln möchten

Schneiden Sie den Papierdraht in 12 cm lange Abschnitte und wickeln Sie ihn um die Basis der Zapfen; der Draht sollte zwischen den Zapfenschuppen verschwinden.
Binden Sie die Zapfen mit dem Draht einzeln an die Juteschnur. Sie sollten dichte Büschel bilden und die Schnur völlig verbergen. Schneiden Sie herausstehende Drähte ab. Apfel- und Apfelsinenscheiben und Lorbeerblätter werden mit der Nadel durchstochen und auf die Schnur gefädelt (Lorbeerblätter kommen in kleinen Bündeln besser zur Geltung).

Wenn die gewünschte Länge erreicht ist, binden Sie die Schnurenden zu Schlaufen und hängen die Girlande an den Kamin, über eine Tür oder zwischen die Geländerstäbe einer Treppe.

# Feueranzünder aus Kieferzapfen

**Mit einem Säckchen dieser Anzünder machen Sie einem/r Freund/in mit Kamin eine große Freude. Sie sehen schon mit einfachem Bienenwachs attraktiv aus; mit Wachsmalstiften können Sie das Wachs noch einfärben. Die Ölessenzen verströmen beim Anzünden einen sehr angenehmen Duft.**

kleine Kiefernzapfen
Muffinförmchen aus Papier
Gartenschnur oder gewachster Docht
Bienenwachs oder Paraffin
Wachsmalstifte (optional)
Olessenzen einzeln oder als Mischung; Apfelsine, Sandelholz, Gewürznelke, Muskat, Kiefer (optional; siehe unten)

Kochtopf mit Einsatz oder hitzebeständige Schüssel, die über einen Topf passt
kleines Blech für Muffins

Wenn Ihre selbst gesammelten Zapfen zu feucht sind, werden sie für 15–20 Minuten bei 180° C (Gas Stufe 4) im Backofen getrocknet.

Legen Sie die Papierhüllen in das Muffinblech und wickeln Sie Gartenschnur oder Docht um die Basis der Zapfen.

Schmelzen Sie das Wachs (sowie ggf. die geriebenen Wachsmalstifte) in der Schüssel über simmerndem Wasser. Lassen Sie es niemals unbeaufsichtigt.

Sobald das Wachs geschmolzen ist, werden die Ölessenzen beigemischt. Halten Sie die Zapfen an den Dochten fest und tauchen Sie sie in das flüssige Wachs. Stellen Sie die Zapfen in die Muffinförmchen (der Docht hängt seitlich heraus) und gießen Sie das flüssige Wachs sehr vorsichtig ein, bis es etwa zwei Drittel des Förmchens füllt.

Stellen Sie einen oder zwei dieser Anzünder zwischen das Anmachholz und zünden Sie die Dochte an.

# Efeublätter mit Raureif

**Efeublätter lassen sich sehr einfach mit Raureif schmücken; sogar kleine Kinder können dabei helfen. Die fertigen Blätter verzieren Kränze (siehe S. 123), Weihnachtspäckchen (siehe S. 14) oder einen Weihnachtsstrauß. Vielleicht haben Sie noch Bittersalz von anderen Projekten in diesem Buch übrig; es sieht natürlicher und dezenter aus als Glitter.**

Efeuzweige
Klebestift oder durchsichtiger Bastelkleber
Bittersalz

Füllen Sie eine Schale mit dem Salz. Nehmen Sie einen Zweig, streichen Sie den Kleber dünn auf die Blattränder und halten Sie den Zweig über die Schale. Streuen Sie das Salz mit einem Teelöffel über die Blätter. Stellen Sie den Zweig zum Härten auf ein Drahtgitter und nehmen Sie sich den nächsten Zweig vor.

# Weihnachtskranz

**Dieser Kranz bringt Sie garantiert in die richtige Weihnachtsstimmung. Die Methode ist einfach und das Ergebnis eindrucksvoll. Ich nehme gerne weihnachtliche Duftnoten, wie Zitronen, Gewürznelken und Zimt – wenn die Haustür geöffnet wird, weht mir der Duft entgegen.** Ergibt einen Kranz.

**FÜR DEN KRANZ:**

- ein flacher Drahtkranz, 30–40 cm Durchmesser (Bastelgeschäft, Gartencenter, Geschäft für Floristenbedarf, Internet)
- Moos (Gartencenter oder Blumengeschäft)
- Blumendraht, dick und dünn
- Gartenschere
- Bänder: dünne Bänder, um Sträuße zu binden; breite, um den Kranz aufzuhängen
- Nadel und Faden
- Klebepistole oder starker Kleber
- Tacker oder Reißzwecken, um den Kranz an der Tür zu befestigen

**ZUM DEKORIEREN:**

Fichtenzweige (vielleicht vom Weihnachtsbaum), Efeu, Eukalyptus, Äpfel, Apfelsinen, Zitronen und/oder Limonen, Gewürznelken, Sternanis, Zimtstangen, Kiefernzapfen, Beeren

Bereiten Sie den Kranz vor. Bedecken Sie das Drahtgeflecht mit Moos und fixieren Sie es mit dickem Blumendraht. Binden Sie fortschreitend Fichten- und/oder Eukalyptuszweige an, bis der ganze Kranz dicht bedeckt ist. Winden Sie den Efeu um den Kranz; mit dünnem Bindedraht fixieren.

Sie trocknen Apfelsinen- oder Apfelscheiben, indem Sie die Früchte in sehr dünne Scheiben schneiden und auf einem Drahtgitter im Backofen lassen (kleinste Stufe, für mehrere Stunden oder über Nacht). Sie können die Scheiben einzeln oder in aufeinander geklebten Dreierpäckchen verwenden. Stechen Sie 20 cm dünnen Bindedraht durch die Mitte der Scheibe und in 1 cm Abstand wieder zurück – diese Drahtschlaufe befestigt die Scheibe am Kranz. Verdecken Sie den Draht mit einem aufgeklebten Sternanis. Kleben Sie mehrere Zimtstangen aneinander, wickeln Sie einen Draht herum und befestigen Sie das Bündel am Kranz; verdecken Sie den Draht mit einer Schleife.

Stecken Sie die Gewürznelken in die Zitrone oder Limone und fädeln Sie einen dicken Draht durch das Zentrum; er muss lang genug sein, um die Frucht am Kranz zu befestigen.

Umwickeln Sie Kiefernzapfen, Zweige mit Beeren und alles Übrige mit dünnem Bindedraht. Legen Sie den Kranz flach auf die Arbeitsplatte und verteilen Sie die Dekoration, bis Ihnen die Anordnung zusagt – vergessen Sie nicht die Lücke für das Band zum Befestigen. Binden Sie die Dekoelemente fest und verstecken Sie die Drähte unter Efeu- und Fichtenzweigen.

Befestigen Sie ein langes Band an dem Kranz; nähen Sie die Enden zusammen; lassen Sie genügend „Luft", um es sicher an der Tür zu befestigen. Verdecken Sie die Nähte mit einer großzügigen Schleife und tackern Sie das Band oben auf der Tür fest.

### Efeu kultivieren

Efeu (*Hedera*) ist das Arbeitspferd des Gartens. Er wächst dort, wo empfindlichere Pflanzen längst aufgeben, und ist in vielen Sorten lieferbar – elegant, kräftig, glänzend dunkelgrün, goldgelb oder panaschiert. Efeu sorgt im Winter für Farbe, und die Beeren dienen Vögeln und Insekten als Nahrung. Efeu klettert über Mauern und Baumstümpfe, wächst aber auch in Töpfen und Hängekörben. Efeu bevorzugt kalkhaltige Böden; etwas Kalk in das Pflanzloch geben. Die gelben und panaschierten Sorten brauchen Sonne, die grünen oder silbrigen Formen kommen auch im Schatten zurecht. Efeu wird, falls nötig, im Frühling und Sommer beschnitten.

# FRÜCHTE – GEMÜSE – NÜSSE

# Crème de Cassis

**Dieser köstliche Likör wird mit Weißwein als Kir und mit Champagner als Kir Royal serviert. Zusammen mit gutem Vanilleeis schmeckt er hervorragend als „Instant-Pudding".** Ergibt 1,6 Liter.

700 g schwarze Johannisbeeren; von Stielen befreit
700 ml Rotwein
etwa 800 g Zucker
etwa 40 g Wodka

Küchenmaschine oder Mixer
Musselin
Trichter
Flaschen

Zerdrücken Sie die schwarzen Johannisbeeren in einer Keramik- oder Glasschüssel. Rühren Sie den Rotwein dazu, verschließen Sie die Schüssel mit Frischhaltefolie und lassen Sie den Ansatz mindestens 24, maximal 48 Stunden lang durchziehen.

Pürieren Sie Johannisbeeren und Wein in der Küchenmaschine (Mixer) und seihen Sie die Flüssigkeit durch Musselintuch im Sieb in einen Krug. Zerdrücken Sie die Früchte mit einem Holzlöffel, um möglichst viel Saft zu gewinnen (Menge messen). Rühren Sie auf je 250 ml Flüssigkeit 200 g Zucker ein und schütten Sie alles in einen großen Topf.

Erhitzen Sie die Flüssigkeit unter dauerndem Rühren, bis sich der Zucker gelöst hat; sie darf nicht simmern, nur gerade dampfen, sonst verfliegt der Alkohol. Lassen Sie den Topf bei gelegentlichem Umrühren eine Stunde lang auf dem Herd, bis die Flüssigkeit zu einer sirupartigen Konsistenz reduziert ist – bis auf etwa 1,2 Liter. Mischen Sie nach dem Abkühlen auf 3 Teile Johannisbeersaft 1 Teil Wodka, und gießen Sie den Likör durch einen Trichter in eine Flasche. Der Likör muss an einem kühlen, dunklen Ort noch mindestens einen Monat lang reifen.

Der fertige Crème de Cassis sollte innerhalb von zwei Jahren getrunken werden.

## Schwarze Johannisbeeren kultivieren

Ein einziger Strauch schwarze Johannisbeeren (*Ribes nigrum*) liefert jährlich bis zu 4,5 kg Früchte! Pflanzen Sie ihn in nährstoffreichen, sauren, durchlässigen Boden an einen sonnigen Standort. Der beste Zeitpunkt ist der Spätherbst oder Winter. Heben Sie ein Pflanzloch aus, das doppelt so groß ist wie der Wurzelballen. Füllen Sie Erde ein und drücken Sie den Strauch gut fest. Decken Sie die Wurzeln mit Rindenmulch oder gut verrottetem Mist ab, um die Bodenfeuchte festzuhalten. Schneiden Sie die Triebe im ersten Jahr nach dem Einpflanzen bis auf zwei Augen über dem Boden zurück, damit sich neue Triebe bilden.

# Sirup aus roten Johannisbeeren und Rosen

**Das richtige Mitbringsel für eine Gartenparty. Der Sirup schmeckt köstlich mit Champagner oder mit Mineralwasser auf Eis. Sollte etwas übrig bleiben, kann man den Sirup am nächsten Morgen über Pfannkuchen träufeln.** Ergibt drei Flaschen (je 750 ml).

**eine Handvoll Rosenblütenblätter (stark duftende Sorten, siehe S. 90)**
**350 ml fruchtiger Rosé-Wein**
**1,5 kg rote Johannisbeeren**
**etwa 400 g Zucker mit Rosenaroma (siehe S. 98) gesiebt**

**Abtropftuch oder Musselin**
**Trichter**
**Flaschen**

Bringen Sie die Rosenblütenblätter mit dem Rosé-Wein in einem Topf zum Simmern; vom Herd nehmen und zwei Stunden stehen lassen. Seihen Sie die Flüssigkeit in einen Krug.

Füllen Sie den Wein mit den roten Johannisbeeren in einen Edelstahltopf und zerdrücken Sie die Beeren leicht. Bringen Sie die Flüssigkeit zum Simmern und kochen Sie sie zugedeckt 30 Minuten, bis sie sehr weich sind; vom Herd nehmen und die Beeren völlig zerdrücken. Löffeln Sie alles in ein Abtropftuch (mit Küchengarn zubinden) oder in Musselin über einem Sieb. Hängen Sie die Beeren über Nacht zum Abtropfen über eine Schüssel.

Messen Sie die Flüssigkeitsmenge und fügen Sie auf 600 g Saft 400 g Rosenzucker hinzu. Erwärmen Sie die Flüssigkeit in einem Edelstahltopf, bis sich der Zucker gelöst hat. Kochen Sie die Flüssigkeit bis zu einer sirupartigen Konsistenz ein; vom Herd nehmen und mit einem Schaumlöffel grobe Bestandteile herausfischen. Gießen Sie den Sirup mit dem Trichter in warme, sterilisierte Flaschen; verschließen.

Im Kühlschrank hält sich der Sirup einen Monat lang.

## ROTE JOHANNISBEEREN KULTIVIEREN

**Rote Johannisbeeren (*Ribes rubrum*) sind Selbstbestäuber, ein Strauch im Garten reicht aus. Die Sträucher bevorzugen guten, durchlässigen Boden und einen geschützten Standort mit viel Sonne, kommen aber auch ganz gut bei schlechteren Voraussetzungen zurecht.**
**Mulchen Sie den Boden im Frühling mit gut verrottetem Stallmist, Kompost oder Stroh. Gießen Sie während der Vegetationszeit bis zur Ernte regelmäßig, und jäten Sie Unkraut so gründlich wie möglich.**
**Rote Johannisbeeren tragen am alten Holz. Beschneiden Sie die Sträucher im Spätwinter, bevor die Knollen zu schwellen beginnen. Schneiden Sie die ältesten Triebe bis zum Boden zurück; die neuen Triebe werden im Frühsommer auf zwei Augen gekappt, damit der Strauch buschig wächst. Die herrlich leuchtenden, roten Beeren werden mit dem ganzen Fruchtstand abgeschnitten und rasch verbraucht – sie halten sich nicht lange. Werfen Sie zur Sicherheit ein Netz über den Strauch, um hungrige Vögel und Eichhörnchen von den Früchten fernzuhalten.**

# Weinbrandkirschen

## Diese Köstlichkeit erfordert kaum Aufwand und ist doch ein wunderbares Geschenk. Bereiten Sie einige Gläser zur Erntezeit im Sommer zu und heben Sie die Kirschen bis Weihnachten auf.

**500 g Süß- oder Sauerkirschen**
**etwa 120 g Kristall- oder Vanillezucker**
**500 ml Weinbrand**

**OPTIONAL:**
**ein Streifen Apfelsinenzeste (Gemüseschäler oder Zestenreißer) ohne Spur von Weiß**
**oder:**
**1 Vanilleschote (aufgeschnitten)**

Waschen Sie die Kirschen und entfernen Sie die Stiele. Die Kerne bleiben in der Frucht, sie verbessern das Aroma und geben den Kirschen mehr Stabilität. Füllen Sie die Kirschen in ein großes, sterilisiertes Glas. Schütten Sie den Zucker darüber (Sauerkirschen vertragen einen bis zwei Esslöffel Zucker zusätzlich). Drücken Sie, sofern gewünscht, die Apfelsinenzeste oder Vanilleschote zwischen die Früchte. Füllen Sie mit Weinbrand auf. Verschließen Sie das Glas und schütteln Sie mehrmals, damit sich der Zucker besser löst.

Stellen Sie das Glas einen bis zwei Monate an einen dunklen, kühlen Ort (von Zeit zu Zeit schütteln, um den Zucker zu lösen). Servieren Sie die Kirschen mit Eis oder Panna Cotta. Trinken Sie den Weinbrand gut gekühlt im Schnaps- oder Likörglas.

Im verschlossenen Glas halten sich die Kirschen bis zu sechs Monaten. Nach dem Öffnen sollten Sie das Glas im Kühlschrank aufheben und die Kirschen innerhalb eines Monats verbrauchen.

### SAUERKIRSCHEN KULTIVIEREN

**Wenn der Platz in Ihrem Garten nur für einen Kirschbaum reicht, entscheiden Sie sich für eine Sauerkirsche (*Prunus cerasus*). Obwohl sie köstlich schmecken, werden sie in Geschäften selten angeboten. Es sind Selbstbestäuber, die im Unterschied zu süßen Kirschen (Prunus avium) keine volle Sonne brauchen. Sauerkirschen wachsen sogar an schattigen Standorten, beispielsweise vor einer nach Norden oder Osten weisenden Mauer. Außerdem locken Sie weniger Vögel an als Süßkirschen.**

# Brombeermarmelade

## Diese köstliche Marmelade – aus wilden oder kultivierten Früchten – gehört zu den besten Aromen des Hochsommers.

Ergibt vier Gläser (je 220 g).

**500 g Kochäpfel, geschält, entkernt und in Würfel geschnitten**
**500 g Brombeeren**
**Saft einer halben Zitrone**
**700 g Gelierzucker**

**Einkochtopf oder großer Topf**
**4 Gläser (je 220 g)**

Stellen Sie zwei Untertassen in den Kühlschrank.

Bringen Sie die Äpfel in einem Topf mit 100 ml Wasser zum Kochen; 10 Minuten kochen lassen, bis die Äpfel weich und locker sind. Fügen Sie die Brombeeren und den Zitronensaft hinzu; weitere 5 Minuten kochen, bis die Brombeeren ihren Saft abgeben.

Rühren Sie den Zucker bei niedriger Hitze ein, bis er sich auflöst. Bringen Sie alles zum sprudelnden Kochen. Nach 15 Minuten sollte die Marmelade gelieren. Machen Sie die Gelierprobe: Ein Löffel Gelee auf dem kalten Teller muss auf Fingerdruck eine Haut bilden und darf nicht zerfließen. Nehmen Sie den Topf vom Herd und entfernen Sie mit dem Schaumlöffel alle groben Bestandteile. Löffeln Sie die Marmelade in heiße, sterilisierte Gläser; verschließen.

Die verschlossene Marmelade hält sich bis zu einem Jahr.

Tipps zur Kultur von Brombeeren, siehe S. 135.

# Fruchtkäse

**Fruchtkäse kommen bei Liebhabern traditioneller Käsesorten immer an, weil sie sehr gut zu kräftig schmeckenden Hartkäsen passen. Außerdem können Sie damit ein eventuelles Überangebot an Früchten auf elegante Weise verarbeiten.**

### PFLAUMENKÄSE

**Für dieses Rezept eignen sich feste, säuerliche besser als vollreife, süße Pflaumen. Das Rezept gilt auch für Zwetschgen.**

**1,5 kg Pflaumen, geteilt, entkernt**
**Zucker**

**Kochtopf**
**Nylonsieb**
**Gläser mit geraden Seiten oder kleine Schüsseln**
**Glyzerin**
**lebensmittelechtes Paraffin zum Versiegeln**

Lassen Sie die Pflaumen in 200 ml Wasser simmern, bis sie zu einem weichen, dicken Mus zerfallen. Reiben Sie das Mus mit einem Holzlöffel durch ein Nylonsieb, um möglichst viel Masse zu gewinnen. Bestimmen Sie das Gewicht und geben Sie auf 600 g Mus 450 g Zucker dazu.

Füllen Sie das gezuckerte Mus in einen sauberen Topf, den Sie langsam erhitzen, bis sich der Zucker gelöst hat. Aufkochen und die Temperatur wieder reduzieren; 50–60 Minuten simmern lassen, bis die Mischung dick und glänzend aussieht.

Streichen Sie die Innenwände der sterilisierten Gläser dünn mit Glyzerin ein, damit sich der Käse später besser löst, und gießen Sie das Pflaumenmus hinein. Lagern Sie die verschlossenen Gläser mindestens einen Monat lang an einem kühlen, dunklen Ort. Gläser ohne festen Verschluss – oder falls Sie Schwierigkeiten haben, sie mit Wachspapier und Zellophan zu verschließen – werden mit geschmolzenem Paraffin versiegelt.

Ungeöffnet hält sich der Fruchtkäse etwa ein Jahr.

### PFLAUMEN KULTIVIEREN

**Pflanzen Sie Ihren Pflaumenbaum im Spätherbst/Frühwinter in einen nährstoffreichen, durchlässigen Boden in voller Sonne. Obwohl einige Sorten selbstfruchtbar sind, sollten Sie einen Bestäubungspartner einplanen. Für kleine Gärten gibt es Sorten auf schwach wachsenden Pfropfunterlagen, die kaum größer als 3 m werden. Auch zu Fächern erzogene Spalierpflaumen liefern auf kleinem Raum viele Früchte. Vor allem zu Beginn reichlich gießen; Mulchschicht hält im Herbst die Bodenfeuchte zurück.**

# Fruchtmus

**Die Herstellung von Fruchtmus folgt dem Rezept von Fruchtkäse, das Mus wird allerdings sehr langsam im Backofen gebacken, bis es fest und ledrig ist.**

Nehmen Sie auf 1 kg Früchte (gut geeignet sind Pflaumen, Aprikosen, Himbeeren und Brombeeren) etwa 140 g flüssigen Honig. Zerkochen Sie die Früchte mit wenig Wasser, bis sie sehr weich sind; durch ein Nylonsieb drücken und den Honig in das warme Mus einrühren. Legen Sie Backbleche mit Backpapier aus, pinseln sie Erdnussöl darüber und breiten Sie das Mus in einer dünnen, gleichmäßigen Lage aus. Backen Sie die Masse 6–8 Stunden bei 70° C, bis sie biegsam, aber nicht klebrig ist. Lassen Sie das Fruchtmus abkühlen, rollen Sie es in Frischhaltefolie ein oder schneiden Sie es in Streifen.

In einem luftdichten Gefäß hält sich das Fruchtmus bis zwei Monate, im Kühlschrank bis vier Monate.

# Himbeermarmelade mit Pelargonienduft

**Nutzen Sie für diese Marmelade das Aroma des Pelargoniumzuckers (siehe S. 98). Er intensiviert die natürliche Süße der Himbeeren und steuert ein feines Aroma bei.** Ergibt sechs Gläser (je 220 g).

**1 kg Himbeeren**
**1 kg Pelargoniumzucker (siehe S. 98); gesiebt, um die Blätter zu entfernen**

**Einkochtopf oder großer Topf**
**6 Gläser (je 220 g)**

Stellen Sie zwei Untertassen in den Kühlschrank.

Zerdrücken Sie die Himbeeren in dem Topf. Erhitzen Sie die Früchte vorsichtig und rühren Sie bei kleiner Hitze den Zucker ein. Wenn er gelöst ist, wird die Temperatur erhöht; 10-15 Minuten kräftig kochen lassen, bis der Gelierpunkt erreicht wird (siehe S. 130). Nehmen Sie den Topf vom Herd und heben Sie mit dem Schaumlöffel grobe Bestandteile heraus. Füllen Sie die Gläser wie bei Brombeermarmelade.

Im verschlossenen Glas hält sich die Marmelade ein Jahr lang.

## Himbeeren pflanzen

**Suchen Sie ein möglichst sonniges Plätzchen für die Himbeeren. Die Sträucher sind selbstfruchtbar und werden von Insekten bestäubt; etwas Windschutz kann nicht schaden. Ideal sind durchlässige Böden mit neutralem oder leicht saurem pH-Wert. Jäten Sie das Unkraut ein paar Wochen vorher und arbeiten Sie gut verrotteten Stallmist ein; stellen Sie Pfosten mit Spanndrähten zum Festbinden der Triebe auf. Himbeeren werden im Winter im Abstand von 50 cm gepflanzt (2 m zwischen den Reihen), schneiden Sie die Triebe etwa 30 cm über dem Boden über einem Auge ab; reichlich gießen. Da Himbeeren am Holz des Vorjahres tragen, dürfen Sie im ersten Jahr nicht mit Früchten rechnen.**

## KREATIV VERPACKEN

**Stellen Sie einen Korb für den Tee am Nachmittag zusammen: eine oder zwei Marmeladen und frisch gebackene Brötchen.**

# Brombeer-Gin

## Genießen Sie diesen köstlich-fruchtigen Gin eiskalt aus Schnapsgläsern, als Schuss zum Champagner oder auf Eis mit etwas Mineralwasser.

**1 kg Brombeeren, gesäubert und gewaschen**
**1 Vanilleschote, mit einem scharfen Messer längs gespalten**
**600 g feiner, heller Rohrzucker**
**1 l Gin**

**Einmachglas (2 l) mit Spannverschluss oder Schraubdeckel**
**Flaschen**

Spülen Sie das Glas peinlich sauber und füllen Sie schichtweise Brombeeren und Zucker ein; legen Sie die Vanilleschote in die Mitte. Gießen Sie 750 ml Gin darüber und verschließen Sie den Deckel; vorsichtig schütteln. Wenn sich die Brombeeren am nächsten Tag etwas gesetzt haben, gießen Sie die restlichen 250 ml Gin darüber.

Schütteln Sie eine Woche lang täglich, um den Zucker zu lösen, dann acht Wochen lang einmal pro Woche. Seihen Sie den Gin durch ein feines Sieb in Flaschen; gut verschließen. Die „betrunkenen" Brombeeren nicht wegwerfen – sie schmecken köstlich auf Eis.

Heben Sie den Gin an einem kühlen, dunklen Platz auf; er braucht 12 Monate bis zur Vollreife, schmeckt aber schon nach drei Monaten.

### ALTERNATIVE: QUITTEN-WODKA

Setzen Sie mit derselben Methode Quitten-Wodka an. Sie brauchen etwa 1 kg Quitten. Wischen Sie den Flaum von der Schale und reiben Sie Schale und Fruchtfleisch (ohne Kerne) in ein großes Glas – jeweils Quitten und 150 g feiner, heller Rohrzucker in Schichten. Dazu passen auch ein paar Sternanisfrüchte, eine Zimtstange oder eine aufgeschlitzte Vanilleschote. Dann gießen Sie etwa 1 l Wodka darüber.

### BROMBEEREN KULTIVIEREN

**Viele Erwachsene haben Kindheitserinnerungen an saftige, wilde Brombeeren direkt vom Strauch. Sofern der Garten Platz bietet, sind Brombeeren eine gute Wahl. Es sind anspruchslose Pflanzen, die sogar etwas Schatten mit fruchtigem Humor ertragen. Stachellose Kultursorten sind dicker und süßer als die Wildform. Alle Brombeeren sind selbstfruchtbar.**
**Brombeeren werden im Herbst gepflanzt. Arbeiten Sie reichlich Kompost oder gut verrotteten Stallmist in die Pflanzerde ein; mulchen im Frühling. Gießen Sie während der Vegetationsperiode bei Trockenheit und schneiden Sie die Triebe nach der Ernte zurück. Wenn Sie Brombeeren als Fächer auf einer Wand oder einem Zaun ziehen, wird das Pflücken noch einfacher.**

# Quitten-Gummibonbons

## Die intensiv bernsteinfarbenen Gummis schmecken köstlich als Abschluss eines Essens.

Ergibt etwa 40 Bonbons.

**etwa 1 kg Quitten**
**2 Streifen Zitronenzeste (Gemüseschäler oder Zestenreißer) ohne Spur von Weiß**
**etwa 700 g Zucker, etwas mehr zum Bestäuben**

**Pflanzenöl zum Einfetten**
**1 Backblech (etwa 32 x 30 x 2 cm)**
**Backpapier**

Reiben Sie den Flaum von der Quittenschale und zerteilen Sie die Quitten mit Haut und Kernen. Geben Sie Quitten und Zeste in einen großen Topf und bedecken Sie die Früchte mit Wasser; zum Simmern bringen, bis sie weich sind und zerfallen. Lassen Sie das Mus abgedeckt über Nacht stehen.

Drücken Sie die Quitten durch ein Sieb. Wiegen Sie das Mus und füllen Sie die Quitten mit derselben Gewichtsmenge Zucker in einen großen, sauberen Topf. Erwärmen Sie die Masse vorsichtig und rühren Sie, bis sich der Zucker gelöst hat; unter Rühren leicht köcheln lassen (etwa ½ Stunde), bis das Mus steif und glänzend wird. Wenn Sie einen hölzernen Kochlöffel mitten durch den Topf ziehen, sollte der Boden einen Augenblick sichtbar bleiben, ehe das Mus wieder zusammenfließt.

Legen Sie das Backblech mit dem Backpapier aus; einölen. Gießen Sie das Mus darauf und lassen Sie es über Nacht an einem kühlen, dunklen Platz stehen. Stülpen Sie die feste Masse auf ein anderes Backpapier und schneiden Sie es in Quadrate. Stäuben Sie Zucker darüber.

In einem luftdichten Gefäß mit Fettpapier zwischen den Lagen halten sich die Fruchtgummis etwa einen Monat.

### Quitten kultivieren

**Die pflegeleichten Quitten (*Cydonia oblonga*) sind Selbstbefruchter. Sie passen in jeden Garten und sind vielseitig in der Küche verwendbar. Pflanzen Sie die Bäumchen vor den ersten Frösten im Spätherbst in nährstoffreichen, feuchten, durchlässigen Boden. Sie bevorzugen sonnige Standorte; in kühleren Regionen sind sie als Spalierobst vor einer warmen, südwärts gerichteten Mauer besser geschützt als frei stehend. In den ersten Jahren muss der Baum gestützt und beschnitten werden, um die Verzweigung anzuregen. Kürzen Sie die Leittriebe im Winter auf die Hälfte ein; im Frühling wird nur totes oder krankes Holz entfernt. Mulchen Sie die Baumscheibe im Frühling und gießen Sie bei Trockenheit.**
**Quitten werden im Herbst vor den ersten Frösten geerntet, wenn sie sich gelb färben und leicht vom Ast lösen lassen. Wenn die Früchte im Haus ausreifen dürfen, erfüllt ihr betörender Duft das ganze Haus.**

# Apfelwasser

## Ergibt ein sehr gutes, sanftes Tonikum, um fettige Haut zu regulieren.

Ergibt etwa 250 ml.

**1 Apfel**
**70 ml Zaubernusswasser (Hamamelis)**
**50 ml Apfelessig**
**1/2 Teelöffel Benzoetinktur (ein natürliches Konservierungsmittel)**
**3 Tropfen Lavendelölessenz**
**Glasflaschen**

**Musselin**

Entkernen Sie den Apfel und schneiden Sie ihn in kleine Stücke. Setzen Sie die Apfelstücke mit 150 ml Wasser in einem kleinen Topf auf und lassen Sie sie 5–10 Minuten simmern, bis sie sehr weich sind. Nehmen Sie den Topf vom Herd, abkühlen lassen.

Kleiden Sie ein Sieb über einem Krug mit Musselin aus und seihen Sie das Apfelwasser durch. Rühren Sie Zaubernusswasser, Essig und Benzoetinktur ein und füllen Sie das Apfelwasser in kalte, sterilisierte Glasflaschen; verschließen.

Befeuchten Sie ein Baumwollpad mit dem Wasser und reiben Gesicht und Hals sanft damit ein.

### ALTERNATIVE QUITTENWASSER

Aus Quitten lässt sich ein besonders gutes Tonikum für trockene und reife Haut herstellen. Quittenwasser wird nach demselben Rezept wie Apfelwasser hergestellt. Die Quitten werden allerdings nicht entkernt, sondern ungeschält in kleine Stücke geschnitten. In einem kleinen Topf werden sie mit ein paar Zentimetern Wasser bedeckt und simmern, bis sie sehr weich sind. Streichen Sie das Mus durch ein mit Musselin ausgekleidetes Sieb und fahren Sie fort wie beim Apfelwasser.

Das Tonikum hält sich im Kühlschrank zwei Wochen lang.

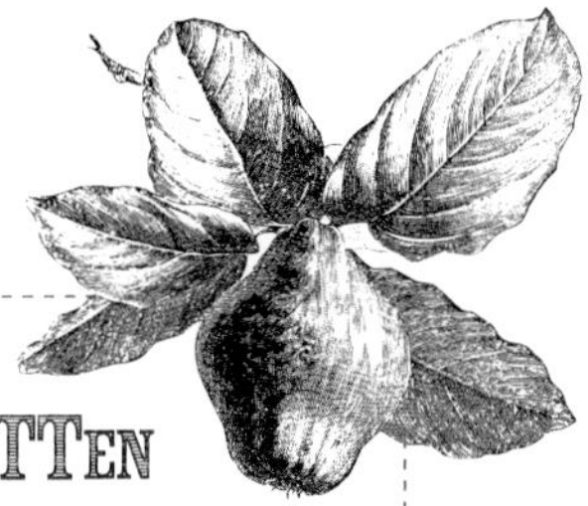

### ÄPFEL UND QUITTEN IM TOPF KULTIVIEREN

**Sie können Äpfel und Quitten auch in einem kleinen Garten oder auf dem Balkon kultivieren – im Topf. Sie brauchen nur etwas mehr Aufmerksamkeit als in der Erde. Wählen Sie Sorten, die auf einen sehr schwach wachsenden Wurzelstock gepfropft wurden. Äpfel auf einem M27 oder M9 Wurzelstock werden kaum größer als 130–150 cm. Fragen Sie bei Äpfeln nach selbstbefruchtenden Sorten, sonst brauchen Sie zwei Bäumchen. Quitten sind immer selbstbefruchtend.**
**Der Topf muss 45–60 cm Durchmesser und Dränagelöcher im Boden haben. Verteilen Sie Scherben auf dem Boden und füllen Sie eine Lage Kies ein, damit die Erde nicht ausgewaschen wird. Pflanzen Sie die Bäumchen in Topferde; gut wässern und die Feuchte mit Mulch im Substrat zurückhalten. Vor allem an heißen Tagen im Sommer muss der Topf regelmäßig gegossen werden. Düngen Sie im Spätwinter oder Vorfrühling mit einem kaliumreichen Volldünger.**

# Erdbeer-Gesichtscreme

**Diese intensive Feuchtigkeitscreme mit Erdbeersaft nutzt den hohen Salizylgehalt der Früchte. Salizylsäure wirkt gegen Hautunreinheiten und ist in vielen kommerziellen Schönheitspackungen enthalten.** Ergibt 400 g Creme.

160 ml Aprikosenkern-, Jojoba- oder Mandelöl (süß)
60 ml Kokosnussöl oder Hagebuttenöl
25 g Sheabutter
20 g Bienenwachs (gerieben)
150 g reife Erdbeeren (geputzt)
125 ml Rosenwasser
1/2 Teelöffel Benzoetinktur (natürliches Konservierungsmittel; in Apotheken, Läden für Naturkosmetik oder im Internet)
4 Vitamin E Kapseln

Mixer
Bain-Marie (optional), siehe S. 60
2 Gläser

Füllen Sie die Öle, Sheabutter und das Bienenwachs in ein Bain-Marie oder in eine Schüssel über einem Topf mit schwach simmerndem Wasser (der Schüsselboden darf das Wasser nicht berühren). Wenn eine homogene Mischung entstanden ist, vom Herd nehmen und auf Raumtemperatur abkühlen lassen.

Pürieren Sie die Erdbeeren im Mixer. Streifen Sie die Masse durch ein feines Sieb, um die Samen zu entfernen – Sie sollten nun etwa 100 ml feines Mus haben. Rühren Sie das Rosenwasser und die Benzoetinktur dazu. Öffnen Sie die Vitaminkapseln mit einer Nadel und geben Sie den Inhalt dazu.

Schaben Sie die Ölmischung in einen Mixer und lassen Sie ihn eine Minute bei voller Geschwindigkeit laufen. Geben Sie das Erdbeermus bei laufendem Motor durch den Einfüllstutzen dazu und pürieren Sie alles zu einer glatten, cremigen Emulsion (Konsistenz wie Mayonnaise). Füllen Sie die Creme in kalte, sterilisierte Gläser.

Die Creme hält sich im Kühlschrank drei Wochen.

**KREATIV VERPACKEN** Mit dieser Creme geben Sie der Haut nach einem abendlichen Bad die Feuchtigkeit zurück. Mit einem Bademantel wird daraus ein wirklich großzügiges Geschenk.

### ERDBEEREN KULTIVIEREN

Erdbeeren lieben Sonnenschein und nährstoffreichen Boden – also ein sonniger Standort in einem Beet, in das Sie verrotteten Stallmist eingearbeitet haben. Setzen Sie die Pflanzen mit 40 cm Abstand ein: Reihenabstand 80 cm. Sobald sich im Spätfrühling die Früchte zeigen, legen Sie Stroh auf den Boden, damit die Früchte nicht darauf liegen. Stroh unterdrückt außerdem das Unkraut und hält die Feuchte im Boden zurück. Netze über den Beeten halten hungrige Vögel fern. Wenn der Ertrag nach drei bis vier Jahren abnimmt, werden die Stauden durch neue ersetzt.

## Apfelbäume kultivieren

Selbst wenn die vielfältig nutzbaren Äpfel nicht wären, gehört ein Apfelbaum schon wegen seiner Schönheit in den Garten: Im Frühling versinkt er unter der Blütenpracht, im Herbst hängen schwere Früchte an seinen Zweigen. Sie können unter Tausenden von Sorten wählen - probieren Sie unbedingt, wie die Früchte schmecken. Wenn Sie nur Platz für einen Baum haben, müssen Sie sich für eine selbstfruchtbare Sorte entscheiden. Sorten auf schwach wachsenden Unterlagen eignen sich für den Topf, auch Spalierapfelbäume vor einer Mauer brauchen wenig Platz. Pflanzen Sie Bäume mit nackten Wurzeln im Spätherbst oder Winter (Ruhezeit) an einen geschützten Ort.

# Kandierte Äpfel

**Der perfekte Apfel für das Kandieren hat knackiges Fleisch und eine gewisse Säure, um die Süße des Überzugs auszugleichen. Obwohl die kandierten Äpfel wunderbar für einen Kindergeburtstag im Herbst geeignet sind, schmecken sie auch als einfaches, leckeres Dessert nach einem ungezwungenen Essen.**

Ergibt sechs kandierte Äpfel.

**100 g feiner, heller Rohrzucker**
**120 g grober Rohrzucker**
**1 Esslöffel Apfelessig**
**2 Esslöffel heller Zuckersirup**
**25 g Butter (etwas mehr zum Einfetten)**
**6 Äpfel**
**6 Lolli-Stiele oder Ästchen**
**Zellophan und Band zum Einpacken**

Waschen Sie die Äpfel sehr heiß und reiben Sie mit dem Handtuch das Wachs von der Schale ab. Stecken Sie den Lolli-Stiel vom Stielende her in den Apfel; er muss fest sitzen.

Legen Sie ein Backblech mit Backfolie aus; wenig einbuttern. Wenn Sie kein Zuckerthermometer besitzen, stellen Sie ein Glas eiskaltes Wasser bereit.

Erwärmen Sie den Zucker bei mittlerer Hitze in 100 ml Wasser in einem schweren Topf, bis er völlig aufgelöst ist. Rühren Sie Essig, Sirup und die Butter ein. Stecken Sie das Thermometer in den Topf. Bringen Sie das Zuckerwasser zum sprudelnden Kochen und erhitzen Sie die Masse, ohne zu rühren, bis sie zäh wird (das Thermometer sollte 150° C anzeigen) - ein Tropfen, der in kaltes Wasser fällt, sollte sofort zu einer harten Kugel erstarren. Der Vorgang dauert 15–20 Minuten; achten Sie auf den Topf, denn die Masse brennt leicht an.

Nehmen Sie den Topf vom Herd und kippen ihn auf sich zu. Drehen Sie jeden Apfel einzeln in der Masse, bis er völlig überzogen ist; auf dem Backpapier auskühlen lassen.

In einer Zellophanverpackung und mit einem Band verschlossen, halten sich die Äpfel an einem kühlen, trockenen Ort 2–3 Tage.

# Gemüse-Chips

## Eine große Tüte mit gebratenen Gemüse-Chips ist ein tolles Mitbringsel für eine Gartenparty oder ein Picknick.

**2 Rote Bete, geschält**
**3 große Möhren, geschält**
**3 große Pastinaken**
**3 Esslöffel Olivenöl**
**grobes Meersalz**
**einige Umdrehungen schwarzer Pfeffer aus der Mühle**
**scharfer Gemüsehobel (Mandoline)**

Heizen Sie den Backofen auf 200° C vor und schieben Sie einige Backbleche ein.

Schneiden Sie das Gemüse mit dem Hobel so dünn wie möglich, Möhren und Pastinaken in Längsrichtung. Tupfen Sie die Scheiben mit Küchenpapier oder einem Handtuch vollständig trocken.

Schneiden Sie die Rote Bete in eine eigene Schüssel, damit sie nicht abfärben. Geben Sie Salz, Öl und Pfeffer über die Scheiben und verteilen Sie das Öl mit den Händen, bis das Gemüse völlig eingeölt ist.

Holen Sie die Bleche aus dem Backofen und legen Sie die Gemüsescheiben in einfacher Lage darauf aus (evtl. in mehreren Durchgängen). Schieben Sie die Bleche wieder ein und backen Sie die Chips 15–20 Minuten, bis sie knackig sind und sich biegen; nach der Hälfte der Zeit umdrehen. Streuen Sie noch etwas Salz auf die warmen Chips und stellen Sie die Bleche zum Kühlen auf Drahtgitter. Heben Sie die völlig erkalteten Chips in einem luftdichten Behälter oder einer Tüte auf.

In einem luftdichten Behälter bleiben die Chips 3–4 Tage lang knusprig.

**KREATIV VERPACKEN** **Bedrucken Sie Ihre Chips-Tüten mit dekorativen Gemüsestempeln. Am einfachsten ist das, wenn Sie Rote Bete durchschneiden und für ein paar Sekunden aufs Papier drücken. Das natürliche Rot gibt dem Stempel eine wunderbar intensive Farbe.**

### ROTE BETE KULTIVIEREN

**Befreien Sie das Beet von Unkraut und großen Steinen. Arbeiten Sie, wenn möglich, im Herbst vor der Aussaat etwas gut verrotteten Kompost in den Boden ein. Vom Spätfrühling bis in den Sommer hinein werden die Roten Bete direkt ins Beet gesät; gestaffelte Aussaat sorgt kontinuierlich für Nachschub. Streuen Sie die Samen in 2 cm tiefe Rillen (25 cm Abstand) und rechen Sie die Rillen zu. Sobald die Pflänzchen groß genug sind, werden sie auf 10 cm Abstand vereinzelt. Bei Trockenheit reichlich gießen; halten Sie das Beet unkrautfrei. Die Ernte ist möglich, wenn die Knollen die Größe von Golfbällen haben, dann sind sie besonders süß.**

**Im Unterschied zur Roten Bete aus dem Supermarkt können Sie auch die Blätter Ihrer Pflanzen in der Küche nutzen. Sie übernehmen in Salaten und Suppen die Rolle von Spinat.**

## Würzige Birnen-Chips

**Es ist nicht leicht, im Herbst die Birnen bei optimaler Reife zu ernten. Wenn Sie viele harte Früchte übrig haben, sollten Sie würzige Chips daraus machen. Sie sind eher weich als knusprig und ein willkommenes Mitbringsel für Herbstspaziergang oder Picknick.**

Ergibt etwa 80 Chips.

**4 sehr harte Birnen**
**Saft einer halben Zitrone**
**4 Esslöffel feiner, heller Rohrzucker**
**3/4 Teelöffel Zimt, gemahlen**
**1/2 Teelöffel Ingwer, gemahlen**
**1/4 Teelöffel Muskat, gerieben**
**Prise Nelken, gemahlen**

**Gemüsehobel (Mandoline)**
**Silikon-Backmatte (Silpat) oder hitzebeständige Drahtgitter**

Heizen Sie den Backofen auf 130° C (Gas Stufe 1) vor.

Halbieren Sie die Birnen und schaben Sie mit einem Löffel das Kerngehäuse heraus; Stiel entfernen. Schneiden Sie mit dem Gemüsehobel sehr dünne Scheiben ab; in eine Schüssel geben und mit Zitronensaft beträufeln, dann in einem Sieb abtropfen lassen. Tupfen Sie die Flüssigkeit auf. Legen Sie die Scheiben auf ein Drahtgitter über einem Tablett.

Mischen Sie Zucker und Gewürze und sieben Sie die Mischung über die Birnen; drehen Sie die Scheiben um und stäuben Sie die andere Seite ein.

Legen Sie zwei Backbleche mit Silikonfolie aus. Ersatzweise breiten Sie nicht haftendes Backpapier auf Drahtgittern auf den Backblechen aus. Verteilen Sie die Birnenscheiben darauf und backen Sie sie 1 Stunde 15 Minuten (ein- oder zweimal wenden). Bei dickeren Scheiben verlängert sich die Backdauer möglicherweise etwas. Kühlen Sie die Scheiben auf Drahtgittern ab. Die vollständig erkalteten Chips werden in luftdichten Behältern gelagert.

In einem luftdichten Behälter halten sich die Birnen-Chips drei bis vier Tage.

### Birnen kultivieren

**Birnen brauchen einen sonnigen Standort mit durchlässigem Boden, auf keinen Fall dürfen sie in einer Kälteinsel stehen.**
**Junge Bäume müssen bei Trockenheit reichlich gegossen werden, insbesondere, wenn sich die Früchte bilden.**
**Mulchen Sie die Baumscheibe im Frühling mit gut verrottetem Stallmist.**
**Obwohl einige Birnen Selbstbestäuber sind, bilden sie mit einem Partner mehr Früchte. Fragen Sie in der Baumschule nach, da nicht alle Sorten kompatibel sind.**
**Sehen Sie sich für kleine Gärten nach Sorten auf schwach wachsenden Unterlagen um.**
**Einige Sorten eignen sich als Baumreihe, Fächer oder Spalier.**

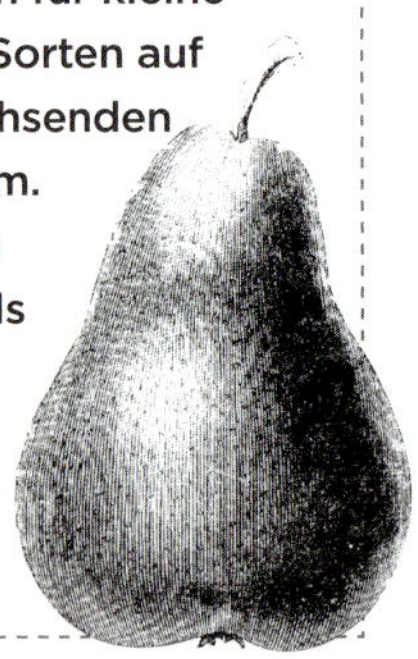

## Tomaten kultivieren

In jedem Gartencenter werden kleine Tomatenpflänzchen angeboten, doch die beste und interessantere Auswahl haben Sie, wenn Sie Tomaten aus Samen kultivieren. Säen Sie Tomaten im zeitigen Frühjahr in Schalen oder Töpfe und ziehen Sie einen Plastikbeutel darüber; auf eine sonnige Fensterbank stellen. Sobald sich die ersten richtigen Blätter zeigen, werden die Pflänzchen in 9-cm-Töpfe umgepflanzt. Wenn sich die ersten Blütenrispen zeigen, werden die Pflanzen abgehärtet und in 23-cm-Töpfe umgetopft oder ins Freiland (50 cm Abstand) oder in Torfsäcke umgepflanzt.

Im Freiland brauchen Tomaten einen geschützten Platz mit so viel direkter Sonne wie möglich. Arbeiten Sie einige Wochen vor dem Umpflanzen gut verrotteten Stallmist in den Boden ein. Nach der Blüte werden Tomaten mit kaliumreichem Volldünger gedüngt; Stabtomaten werden jetzt an die Stützen gebunden. Knipsen Sie die Seitentriebe zwischen Spross und Blatt ab und gießen Sie viel und regelmäßig, damit die Früchte nicht platzen.

# Tomatenketchup

**Wenn Sie den Überfluss an Tomaten nicht verzehren können, ist Ketchup die elegante Lösung. Das beste Aroma haben vollreife Tomaten.** Ergibt etwa 1,5 l Ketchup.

3 kg vollreife Tomaten, grob geschnitten
1 Zwiebel, fein gewürfelt
200 ml Apfelessig
120 g heller Rohrzucker
3 Knoblauchzehen, gehackt
1 Teelöffel Paprikagewürz
1 Teelöffel Salz
½ Teelöffel Senfpulver

**GEWÜRZE ZUM EINLEGEN:**
1 Teelöffel schwarze oder weiße Pfefferkörner
½ Teelöffel Pimentkörner
½ Teelöffel ganze Nelken 2,5 cm langes Stück Ingwer, geschält und in Scheiben geschnitten
1 kleines Lorbeerblatt
1 Muskatblüte
½ Zimtstange

Musselin
Küchengarn
Einkochtopf oder großer Edelstahltopf
Nylonsieb
Flaschen mit säurefestem Verschluss

Wickeln Sie die Gewürze in ein Musselinsäckchen ein; mit Küchengarn verschließen. Dünsten Sie alle Zutaten bei geringer Hitze, bis die Tomaten zerfallen und der Zucker gelöst ist. Erhöhen Sie die Hitze und lassen Sie die Mischung etwa zwei Stunden köcheln, bis sie reduziert und zähflüssig ist (gelegentlich umrühren). Nehmen Sie das Gewürzsäckchen heraus. Legen Sie ein Nylonsieb über eine große Schüssel und drücken Sie das Mus durch, schütten Sie es in einen sauberen Topf; abschmecken und ggf. Zucker zugeben (die Menge richtet sich nach dem Reifegrad der Tomaten). Lassen Sie den Ketchup 5 Minuten simmern – bis zur gewünschten Konsistenz. Schütten Sie ihn in heiße, sterilisierte Flaschen; an einem kühlen, dunklen Ort zwei Wochen lang reifen lassen.

Der Ketchup hält sich in der geschlossenen Flasche an einem kühlen, dunklen Ort drei Monate lang. Die geöffnete Flasche hält sich im Kühlschrank eine Woche.

## Chutney aus grünen Tomaten

**Wenn die Tage kürzer werden und ein kalter Herbstwind durch den Garten fegt, wird es Zeit, die grünen Tomaten zu verarbeiten – sie werden nicht mehr reifen. Geben Sie sich Mühe, das Gemüse in möglichst gleich große Stücke zu schneiden.** Ergibt 10 Gläser (je 220 ml).

1 kg grüne Tomaten, gewürfelt
400 g Zwiebeln, fein gehackt
1 Esslöffel grobes Meersalz
400 g Kochäpfel (nach dem Schälen und Entkernen), gewürfelt
3 gelbe Paprikaschoten, entkernt und gewürfelt
3 Knoblauchzehen, gehackt
350 g hellbrauner Rohrzucker
400 ml Apfelessig
1/2 Teelöffel getrocknete Chilischoten, gerieben

### FÜR DAS GEWÜRZSÄCKCHEN:

25 g Ingwer, geschält und in Scheiben geschnitten
1 Teelöffel Koriandersamen
1 Teelöffel schwarze Pfefferkörner
1 Teelöffel Senfsamen
3 Gewürznelken
1 Sternanis

sterilisierte Gläser mit säurefestem Verschluss

Unreife, grüne Tomaten müssen länger gekocht werden, bis sie weich sind. Legen Sie die Tomaten mit den Zwiebeln – etwas Salz darüber streuen – über Nacht in einen Edelstahltopf ein, um den Kochvorgang abzukürzen.

Binden Sie die Gewürze mit Küchengarn in ein Musselinsäckchen; es kommt mit Tomaten, Zwiebeln und den übrigen Zutaten in den Topf. Erhitzen Sie die Flüssigkeit, bis sich der Zucker gelöst hat. Erst danach bringen Sie den Topfinhalt ohne Deckel und unter gelegentlichem Rühren zum Kochen, bis das Chutney dick und glänzend ist. Wenn Sie einen hölzernen Kochlöffel mitten durch die Masse ziehen, sollte der Topfboden eine oder zwei Sekunden sichtbar bleiben, ehe das Chutney wieder zusammenfließt. Das Kochen dauert eineinhalb Stunden.

Nehmen Sie das Gewürzsäckchen heraus und füllen Sie das Chutney in warme, sterilisierte Gläser; mit säurefesten Deckeln verschließen und mindestens sechs Wochen reifen lassen.

An einem kühlen, dunklen Platz hält sich das Chutney bis zwei Jahre lang.

### KREATIV VERPACKEN

Ein Glas von diesem Chutney, kombiniert mit Hartkäse und Crackers, ist ein feines Geschenk. Wer ein Käsemesser dazulegt, ist noch großzügiger.

### Knoblauch kultivieren

Knoblauch (Allium sativum) ist eine anspruchslose Gartenpflanze. Traditionell wurden die Zehen am kürzesten Tag des Jahres gesteckt, aber jeder Termin zwischen den ersten und letzten Winterfrösten geht in Ordnung. Knollen aus dem Supermarkt sind nicht unbedingt an unsere Breiten angepasst. Knoblauch braucht ein sonniges Plätzchen und durchlässigen Boden. Zerbrechen Sie die Knolle und drücken Sie die Zehen mit 10 cm Abstand in den Boden (die Spitze sollte etwa 3 cm unter der Oberfläche sitzen). In einen 16–20-cm-Blumentopf passen vier Zehen. Jäten Sie gründlich und gießen Sie bei Trockenheit, damit die Knollen dick und saftig werden. Knoblauch wird im Spätsommer bei sonnigem Wetter geerntet, wenn die Blätter gelb werden. Hängen Sie die Knollen draußen zum Trocknen auf.

# Eingelegte Oliven

## Wenn Sie das nächste Mal zum Essen eingeladen werden, nehmen Sie ein paar Gläser mit eingelegten Oliven mit – als köstliche Alternative zum Blumenstrauß.

Ergibt zwei Gläser (je 500 ml).

**GEWÜRZE FÜR SCHWARZE OLIVEN:**

150 ml Olivenöl
6 Knoblauchzehen, zerdrückt
1 Lorbeerblatt
1 Esslöffel fein zerhackter Rosmarin
Zitronenzeste in dünnen Streifen
350 g schwarze Oliven, in Salzwasser eingelegt und gewaschen

**GEWÜRZE FÜR GRÜNE OLIVEN:**

150 ml Olivenöl
Apfelsinenzeste in dünnen Streifen
4 Esslöffel fein gehackte Korianderblätter
1/2 Teelöffel Koriandersamen, grob im Mörser zerstoßen
1/4 Teelöffel getrocknete Chilischote, zerkrümelt
350 g grüne Oliven, in Salzwasser eingelegt und gewaschen

2 Gläser

Gießen Sie das Öl für die schwarzen Oliven mit Knoblauch in einen kleinen Topf; bei kleiner Hitze erwärmen, bis am Rand Blasen aufsteigen. Lassen Sie den Knoblauch 5 Minuten dünsten, dann nehmen Sie den Topf vom Herd. Wenn das Öl erkaltet ist, geben Sie die restlichen Zutaten und die Oliven dazu. Löffeln Sie alles in ein luftdichtes Glas; in den Kühlschrank stellen.
Für die grünen Oliven werden alle Zutaten vermischt, ins Glas gefüllt, verschlossen und in den Kühlschrank gestellt.

Im Kühlschrank halten sich die eingelegten Oliven bis zu fünf Tage; vor dem Verzehr auf Zimmertemperatur erwärmen.

**KREATIV VERPACKEN** Zusammen mit zwei Servierschalen wird aus den eingelegten Oliven ein großzügiges Geschenk.

### KORIANDER KULTIVIEREN

Koriander (*Coriandrum sativum*) ist eine einjährige Pflanze, die in leichtem Boden mit Schutz vor der größten Mittagshitze wachsen sollte. Die Samen werden im Spätfrühling in 1 cm tiefe Rillen gesät und mit Kompost bedeckt. Die Keimpflänzchen werden auf 10 cm vereinzelt. Bei gestaffelter Aussaat ernten Sie den ganzen Sommer über frische Blätter. Weder zu viel – Koriander hasst nasse Füße – noch zu wenig gießen, sonst schießen die Pflanzen. Lassen Sie einige Exemplare bis zum Samenansatz ausreifen. Sie werden geerntet (siehe S. 19), wenn sie zu duften beginnen.

## Zucchini-Ricotta-Muffins

**Mit einem Korb Muffins als Mitbringsel ist man stets gerne gesehen. Mit diesen leichten, zarten und pikanten Muffins können Sie den sommerlichen Überfluss an Zucchini in ein köstliches Mitbringsel verwandeln.**

Ergibt zwölf Muffins.

- 240 g Mehl
- 2 Teelöffel Backpulver
- ½ Teelöffel Backnatron
- ½ Teelöffel Salz und eine Prise schwarzer Pfeffer
- 1 Teelöffel frischer Oregano oder Majoran, fein gehackt
- 120 g Parmesan, grob gerieben
- 2 Eier, leicht geschlagen
- 200 g Ricotta
- 100 ml Olivenöl
- 200 g Zucchini, grob gerieben
- 5 Frühlingszwiebeln, fein gehackt

Heizen Sie den Backofen auf 200° C (Gas Stufe 6) vor und setzen Sie 12 Papierförmchen in ein Muffin-Blech.
Sieben Sie Mehl, Backpulver und Backnatron in eine Schüssel. Rühren Sie Salz, Pfeffer, Oregano oder Majoran und 80 g Parmesan ein.

Verquirlen Sie Eier, Ricotta und Olivenöl in einer anderen Schüssel und ziehen Sie diese Mischung vorsichtig unter die Zutaten in der ersten Schüssel. Die Komponenten dürfen nicht zu stark vermischt sein, sonst werden die Muffins zäh. Ziehen Sie Zucchini und Frühlingszwiebeln unter.

Füllen Sie die Masse in die Muffinförmchen und streuen Sie den übrigen Parmesan darüber; 18–20 Minuten backen, bis an einem eingestochenen Zahnstocher kein Teig mehr hängen bleibt.

Die Muffins schmecken am Herstellungstag am besten, lassen sich aber auch einfrieren.

### Zucchini kultivieren

**Vermutlich erfordern Zucchini von allen Gemüsesorten den geringsten Aufwand. Säen Sie die Zucchini im Frühling in kleinen Töpfen im Zimmer. Nach dem Abhärten – eine Woche tagsüber an einem geschützten Ort, nachts im Haus – kommen sie ins Freie, wenn keine Spätfröste mehr drohen. Draußen brauchen sie 1 m Abstand, ein Topf darf nicht kleiner sein als 40 cm Durchmesser. Zucchini müssen regelmäßig gegossen werden. Ernten Sie die Früchte, sobald sie 10 cm lang sind; sie haben das beste Aroma.**

**Die wunderschönen gelben Blüten sind nicht nur eine Augenweide, sondern schmecken auch: gefüllt mit frischem Ziegenkäse oder goldgelb frittiert mit dünnem Tempurateig.**

# Pilz-Ketchup

**Diese sehr pikante Würzsoße wird in England schon seit Jahrhunderten zubereitet – viel länger als die Null-Acht-Fünfzehn-Tomatensoßen aus dem Supermarkt. Pilz-Ketchup würzt alle möglichen Gerichte, vom Hackbraten über Soßen bis zu Suppen und Eintöpfen. Er ist die Geheimwaffe vieler Köche und ein sehr gutes Weihnachtsgeschenk.** Ergibt 700 ml Ketchup.

- 1,2 kg Pilze, in Scheiben geschnitten
- 3 Esslöffel grobes Meersalz
- 50 g getrocknete Steinpilze
- 200 ml Rotweinessig
- 4 Schalotten, sehr fein gewürfelt
- 2 Esslöffel hellbrauner Rohrzucker

### FÜR DIE GEWÜRZMISCHUNG:

- 2,5 cm frischer Ingwer, geschält und dünn geschnitten
- 1 kleines Lorbeerblatt
- 1 Teelöffel schwarze Pfefferkörner
- 1/2 Teelöffel Pimentkörner
- 1/2 Teelöffel ganze Gewürznelken
- 1/4 Teelöffel Muskat, frisch gerieben

- Musselin
- Küchengarn
- Einkochtopf oder großer Edelstahltopf
- Küchenmaschine oder Mixer
- Trichter
- Flaschen mit säurefestem Verschluss

Schichten Sie die Pilzscheiben in eine Glas- oder Keramikschüssel. Streuen Sie auf jede Schicht etwas Salz; zum Schluss noch eine Prise Salz darüber. Ziehen Sie Frischhaltefolie über die Schüssel und lassen Sie alles 24 Stunden an einem dunklen Platz stehen; die Pilze mehrmals mit einem Holzlöffel ausdrücken.

Beginnen Sie am Herstellungstag mit den getrockneten Steinpilzen: Mit 250 ml kochendem Wasser übergießen und eine Stunde stehen lassen. Heben Sie die Pilze mit einem Schaumlöffel heraus, kleiden Sie ein Sieb mit dem Musselin aus und seihen Sie das Pilzwasser in einen Krug, um grobe Teile zu entfernen.

Binden Sie die Gewürze mit dem Küchengarn in ein Musselinsäckchen.

Geben Sie die Einweichflüssigkeit, die gesalzenen Pilzscheiben, getrocknete Pilze und alle übrigen Zutaten in einen Topf. Bringen Sie alles zum Kochen und lassen Sie die Mischung unter Rühren anderthalb Stunden lang simmern, bis die Mischung sehr dickflüssig ist. Nehmen Sie das Gewürzsäckchen heraus und pürieren Sie die Pilze in der Küchenmaschine oder einem Mixer zu einer sehr glatten Konsistenz. Schütten Sie alles in einen sauberen Topf; aufkochen und 5 Minuten lang simmern lassen. Füllen Sie die Masse mit einem Trichter in warme, sterilisierte Flaschen; verschließen. Vor Gebrauch sollte der Ketchup eine Woche reifen dürfen.

Der ungeöffnete Ketchup hält sich an einem kühlen, dunklen Ort drei Monate lang. Nach dem Öffnen hält sich die Flasche im Kühlschrank eine Woche.

### PILZE KULTIVIEREN

**Es ist verständlich, dass sich viele Menschen nicht trauen, Wildpilze zu sammeln. Wer die Pilzarten nicht genau kennt, sollte kein Risiko eingehen. Exemplare aus der eigenen Pilzkultur sind ohne Risiko genießbar.**

**Pilze werden in verschiedenen Arten– Shiitake- und Austernpilze, Schüppling, Schwefelporling, Zuchtchampignons – und oft auch als fertige Sets angeboten. Man bekommt ein Substrat mit Pilzsporen, das in Löcher von Holzstämmen gestopft wird, oder die Pilze sind schon in Boxen vorkultiviert. Folgen Sie den Packungsanweisungen.**

### KREATIV VERPACKEN

**Die Pilzzucht kann fesselnd sein, auch Kinder verfolgen interessiert das Wachstum. Legen Sie der Ketchupflasche ein Starterset für die Zucht bei.**

## Zwiebeln kultivieren

Zwiebeln mögen sonnige, durchlässige Standorte. Entfernen Sie einige Monate vorher alle Steine aus dem Boden und arbeiten Sie gut verrotteten Stallmist ein. Zwiebeln, die in frischem Mist wachsen, verfaulen leicht. Kaufen Sie im Frühling sogenannte Steckzwiebeln aus dem Gartencenter. Setzen Sie die Zwiebeln mit 10–15 cm Abstand in flache Rillen und häufeln Sie Erde darauf, bis nur noch die Spitzen zu sehen sind. Jäten Sie so gründlich wie möglich und gießen Sie bei Trockenheit. Sobald die Zwiebeln dick sind, werden sie nicht mehr gegossen. Schaben Sie im Spätsommer die Erde um die Zwiebeln weg, um sie der Sonne auszusetzen. Sie werden geerntet, sobald die Blätter gelb werden.

# Zwiebel-Marmelade

**Diese Marmelade schmeckt köstlich als Ergänzung zu kaltem Fleisch, aromatischem Käse und Pâtés. Sie ist ein ungewöhnliches Weihnachtsgeschenk.**

Ergibt fünf Gläser (je 220 g).

**80 g Butter**
**2 Esslöffel Olivenöl**
**2 kg Zwiebeln, halbiert und in dünne Scheiben geschnitten**
**2 Zweige Thymian**
**1 Lorbeerblatt**
**1 Teelöffel Salz**
**250 g Zucker**
**250 ml Apfelessig**
**100 ml Rotwein**
**Schwarzer Pfeffer**

**großer Edelstahltopf**
**5 Gläser (220 ml) mit säurefestem Verschluss**

Erhitzen Sie Butter und Öl in einem großen Topf. Wenn die Butter nicht mehr schäumt, geben Sie Zwiebeln, Thymian, Lorbeerblatt und Salz dazu. Vorsichtig etwa 45–60 Minuten dünsten, bis die Zwiebeln sehr weich sind und goldgelb aussehen; gelegentlich umrühren. Lorbeerblatt und Thymian herausnehmen.

Erhöhen Sie die Temperatur und geben Sie den Zucker dazu; unter regelmäßigem Rühren weiter dünsten, bis die Masse bernsteinfarben aussieht. Vom Herd nehmen und Essig, Wein und eine ordentliche Prise frischen Pfeffer dazugeben. Stellen Sie den Topf zurück auf den Herd und kochen Sie die Masse 30 Minuten lang, bis sie dick und sämig ist; regelmäßig rühren.

Löffeln Sie die Marmelade in warme, sterilisierte Gläser; verschließen mit säurefesten Deckeln.

Die Marmelade hält sich ungeöffnet an einem kühlen, dunklen Ort sechs Monate lang. Geöffnete Gläser halten sich im Kühlschrank eine Woche lang.

3

# Chili-Wodka

**Der feurige Chili-Wodka gibt einer Bloody Mary den letzten Kick, schmeckt aber auch pur und eisgekühlt aus dem Schnapsglas.** Ergibt 750 ml Chili-Wodka.

2–3 scharfe Chilischoten, wie Jalapeños, Habaneros oder Hungarian Hot Wax, gewaschen
1/4 Esslöffel Pfefferkörner (optional)
750 ml Wodka
1–2 Chilischoten (gewaschen) für die Flasche

1 Flasche (750 ml)

Schneiden Sie den Stielansatz ab und teilen Sie die Schote längs. Füllen Sie Schoten und, wenn gewünscht, die Pfefferkörner zusammen mit dem Wodka in einen sterilisierten Krug (1 l). Lassen Sie den verschlossenen Krug zwei Wochen an einem kühlen, dunklen Ort stehen.

Seihen Sie den Wodka in einen anderen Krug. Stecken Sie die Extra-Chilischoten in eine sterilisierte Flasche und füllen Sie den Wodka mit einem Trichter ein. Verschließen und eisgekühlt servieren.

Der Wodka hält sich mindestens sechs Monate.

## KREATIV VERPACKEN

**Wer sehr großzügig sein möchte, verschenkt zusammen mit dem feurigen Wodka einen Glaskrug und einige Schnapsgläser.**

## CHILI KULTIVIEREN

Chilis sind besonders feurige Vertreter der Gattung *Capsicum*. Chili ist nicht nur eine Zutat vieler kulinarischer Köstlichkeiten, die Pflanzen sehen auch sehr attraktiv aus. Sie werden im Zimmer ausgesät und dürfen erst nach den letzten Spätfrösten ins Freie.

Chilipflanzen wachsen sehr gut in Töpfen – auf einer sonnigen Fensterbank oder einer geschützten Terrasse. Ab einer Höhe von 20 cm brauchen sie eine Stütze. Knipsen Sie die ersten Blüten vor dem Fruchtansatz ab, damit die Pflanze buschiger wächst. Das Substrat darf auch bei Hitze nicht austrocknen, denn Chilis sind sehr durstig. Nach den ersten Blüten brauchen die Pflanzen jede Woche einen kaliumreichen Volldünger. Die Früchte werden von Sommer bis Herbst geerntet. Gegen Ende der Vegetationszeit können Sie alle übrigen Früchte ernten und in einem belüfteten Schrank oder bei kleinster Hitze im Backofen trocknen.

# Chili-Marmelade

**Diese feurige Marmelade passt gut zu würzigem Hartkäse, Würsten und gegrilltem Fleisch. Nehmen Sie ein Glas mit, wenn Sie zu einer Grillparty eingeladen sind. Die Marmelade eignet sich nicht nur als Würzsoße, sondern, mit etwas kochendem Wasser verdünnt, auch zum Einpinseln von Hähnchen oder Lammkoteletts.** Ergibt etwa fünf Gläser (je 220 ml).

- 1,5 kg sehr reife Tomaten, enthäutet und grob zerschnitten
- 900 g Zucker
- 250 ml Rotweinessig
- 5 cm frischer Ingwer, geschält und gerieben
- 4–6 rote Chilischoten (je nach Schärfe), halbiert, ohne Samen und in dünne Streifen geschnitten
- 6 Knoblauchzehen, fein gehackt
- 1 Sternanis
- 1 Teelöffel Salz

Einkochtopf
5 Gläser (220 ml) mit säurefestem Verschluss

Erwärmen Sie alle Zutaten im Topf; umrühren, bis sich der Zucker gelöst hat. Bringen Sie die Flüssigkeit zum Kochen und lassen Sie alles 35–45 Minuten simmern, bis die Mischung marmeladenartige Konsistenz hat. Entfernen Sie den Sternanis.

Löffeln Sie die Marmelade in warme, sterilisierte Gläser; mit säurefesten Deckeln verschließen.

Die ungeöffnete Marmelade hält sich an einem kühlen, dunklen Ort etwa einen Monat lang. Ein geöffnetes Glas hält sich im Kühlschrank etwa eine Woche.

## Viele, viele Chilis

**Da die Chilivielfalt und ihre Schärfegrade überwältigend sind, findet man nicht leicht die richtige Sorte. Hier einige Tipps für den Anfang:**

**CHERRY BOMB (MITTELSCHARF)** wird auf die Pizza gestreut; auch für eine Salsa oder scharfe Pastasoßen.

**HUNGARIAN HOT WAX** ist eine milde bis mittelscharfe Sorte; im grünen Zustand schmeckt sie mild, rot ist sie etwas schärfer; eine sehr gute Allround-Sorte und einfach zu kultivieren.

**JALAPEÑO** reift von grün zu rot, wird aber meist im grünen Zustand geerntet. Er eignet sich gut für eingelegtes Gemüse, zu einer Salsa und Füllungen mit Käse und Fleisch.

**NUMEX TWILIGHT** ist scharf und sehr attraktiv. Die Pflanze trägt Früchte in allen Reifestadien, leuchtet also in allen Nuancen von Purpur, Gelb, Orange und Rot.
Zur Kultur von Chili, siehe S. 157.

## Samen-Cracker

**Diese Cracker sind schnell zubereitet und können mit dem Angebot aus dem Supermarkt locker mithalten. Da sich der Teig gut einfrieren lässt, können Sie einen Vorrat anlegen und bei Bedarf kurzfristig wieder auftauen.**

Ergibt etwa 30 Cracker.

**170 g Mehl**
**80 g Dinkelmehl**
**1 Teelöffel Backpulver**
**2 Esslöffel Selleriesamen**
**2 Esslöffel Fenchelsamen**
**1 Esslöffel Kümmelsamen**
**½ Teelöffel frisch gemahlener schwarzer Pfeffer**
**½ Teelöffel grobes Meersalz**
**70 g Butter, gekühlt und in kleine Würfel geschnitten**

Heizen Sie den Backofen auf 180° C (Gas Stufe 4) vor und legen Sie zwei Backbleche mit Backpapier aus.
Sieben Sie Mehl und Backpulver in eine Schüssel. Rühren Sie die Samen, Pfeffer und Salz dazu. Arbeiten Sie die Butter mit den Fingerspitzen ein, bis die Konsistenz an Brotkrumen erinnert.

Drücken Sie eine Mulde in die Mitte und gießen Sie langsam 120–140 ml Eiswasser hinein. Verteilen Sie es durch Messerschnitte in der Masse und kneten Sie daraus einen festen Teig. Schneiden Sie den Teig in zwei Hälften; in Frischhaltefolie einschlagen und 15 Minuten in den Kühlschrank legen.

Holen Sie eine Hälfte heraus und legen Sie den Teig zwischen Frischhaltefolie; auf 3 mm Dicke ausrollen. Tupfen Sie einen runden Plätzchenausstecher (5 cm Durchmesser) in Mehl und stechen Sie die Cracker aus; auf die Backbleche legen. Wiederholen Sie die Prozedur mit der zweiten Teighälfte, dann kommen sie für 30 Minuten in den Kühlschrank.

Backen Sie die Cracker 25-30 Minuten, bis sie goldgelb werden. Lassen Sie das Blech 5 Minuten abkühlen; zum endgültigen Auskühlen die Cracker auf ein Drahtgitter legen.

In einem luftdichten Behälter halten sich die Cracker vier bis fünf Tage.

### KREATIV VERPACKEN

**Legen Sie einige Cracker zusammen mit einem würzigen Cheddarkäse und einem Glas Chutney aus grünen Tomaten (siehe S. 148) in eine Schachtel – ein hervorragendes Geschenk.**

### STAUDENSELLERIE KULTIVIEREN

**Da viele Suppen und Aufläufe ohne Staudensellerie undenkbar wären, ist es verwunderlich, dass er nur selten kultiviert wird. Neue Sorten bleichen von selbst, müssen also nicht mühsam mit Erde aufgehäufelt werden. Sellerie braucht sonnige Beete, die wie Zwiebelbeete vorbereitet werden (siehe S. 155).**
**Säen Sie den Sellerie im Frühling im Zimmer in Schalen aus und decken Sie die Samen mit einer dünnen Schicht Vermiculit ab. Größere Pflänzchen werden in Töpfe (7,5 cm Durchmesser) umgepflanzt. Etwa 10 cm hohe Pflanzen kommen im Frühsommer nach dem Abhärten ins Freie (25 cm Abstand). Sellerie ist durstig – gießen Sie regelmäßig und lassen Sie den Boden nie austrocknen.**
**Sellerie ist ab dem Spätsommer/Frühherbst erntereif; lassen Sie zwei bis drei Exemplare stehen. Sellerie ist eine zweijährige Pflanze, die erst im zweiten Jahr Samen bildet.**

# Eingelegte Walnüsse

**Wenn Sie sich Walnüsse besorgen können – aus dem Garten oder von einem wild wachsenden Baum –, sollten Sie im Sommer grüne, unreife Walnüsse für diesen traditionellen Leckerbissen sammeln. Mit einem Glas machen Sie eine Freude zu Weihnachten. Die eingelegten Walnüsse schmecken hervorragend zu einer Käse- oder Fleischplatte.** Ergibt 2 kg.

**2 kg grüne Walnüsse**
**etwa 300 g Salz**

**FÜR DIE EINLEGEFLÜSSIGKEIT:**
**1 l Weißweinessig**
**300 g hellbrauner Rohrzucker**
**1 Teelöffel Pimentkörner**
**½ Zimtstange**
**½ Teelöffel schwarze oder weiße Pfefferkörner**
**1 kleines Stück Ingwer (getrocknet) oder 1 Esslöffel frisch geriebener Ingwer**
**1 Lorbeerblatt**

**Gummihandschuhe**
**Musselin**
**Küchengarn**
**großer Edelstahltopf**
**große Gläser mit säurefesten Verschlüssen**

Sammeln Sie nur unreife, grüne Walnüsse, bevor die inneren Nussschalen verholzen. Stecken Sie eine Nadel durch die Schale gegenüber dem Stielansatz; Sie spüren, wenn sich die harte Schale gebildet hat. Tragen Sie Gummihandschuhe, denn Walnüsse färben die Hände intensiv und hartnäckig. Stechen Sie mit einer Gabel oder Nadel rundum Löcher in die Schale. Lassen Sie die Nüsse eine Woche lang untergetaucht in einer Salzlösung (100 g Salz in 1 l Wasser) ruhen; legen Sie einen beschwerten Teller darauf. Gießen Sie das Salzwasser durch ein Sieb ab und legen Sie die Nüsse für eine weitere Woche in frische Salzlösung.

Spülen Sie die Nüsse ab. Breiten Sie sie auf Tabletts mit Backpapier aus; an einem trockenen, gut belüfteten – möglichst sonnigen – Ort 2–3 Tage trocknen lassen, bis sie schwarz sind.
Füllen Sie die Gewürze in ein Musselinsäckchen (mit Küchengarn zubinden); zusammen mit Essig und Zucker in den Topf füllen. Erwärmen Sie die Mischung, bis sich der Zucker löst; zum Kochen bringen. Lassen Sie alles 15 Minuten schwach simmern, dann nehmen Sie das Gewürzsäckchen heraus. Füllen Sie die Walnüsse in kalte, sterilisierte Gläser und füllen Sie den heißen Essig ein, bis sie bedeckt sind. Vor dem Genuss müssen die Nüsse zwei Monate an einem kühlen, dunklen Ort ziehen.

Die ungeöffneten Gläser halten sich bis zu zwei Jahre.

**KREATIV VERPACKEN** **Da die eingelegten Walnüsse gut zu kräftigem Käse, Schmalzfleisch und Salami schmecken, stellen Sie einem Gourmet ein Glas Nüsse in einen großzügig gefüllten Präsentkorb.**

**WALNUSSBÄUME PFLANZEN**

**Ein Walnussbaum braucht Platz. Pflanzen Sie ihn im Herbst oder Winter in nährstoffreichen, durchlässigen Boden. Junge Bäume sollten vor starken Winden geschützt werden, ausgewachsene garantieren nur in voller Sonne reiche Ernte. Junge Bäume bei Trockenheit gießen; Mulchen um die Baumscheibe hält den Boden feucht.**

**Einige Sorten sind selbstbefruchtend, doch eine Fremdbestäubung sichert höhere Ernte.**

# Eingelegte Gurken

**Bringen Sie zu einer Einladung zum Barbecue Ihrem Gastgeber ein Glas dieser sauer eingelegten, würzigen Gurken mit. Sie passen wunderbar zu saftigem Hackfleisch.** Ergibt etwa 1 kg.

1 kg Gurken, in Scheiben geschnitten
1 kleine Zwiebel, halbiert und in dünne Scheiben geschnitten
2 Esslöffel Meersalz

FÜR DIE EINLEGEFLÜSSIGKEIT:
500 ml Apfel- oder Weißweinessig
60 g Kristallzucker
1 Teelöffel Senfsamen
6 schwarze Pfefferkörner
3 Pimentkörner
3 Knoblauchzehen, dünn geschnitten

Edelstahltopf
1 (1 l) oder 2 (500 ml) Gläser mit säurefestem Verschluss

Vermengen Sie in einer Schüssel Gurken, Zwiebeln und eine Prise Salz mit den Händen; zwei bis drei Stunden zugedeckt stehen lassen. Abtropfen lassen, unter kaltem Wasser spülen und mit einem sauberen Geschirrtuch trocken tupfen.
Erwärmen Sie die Zutaten für die Einlegeflüssigkeit in 600 ml Wasser vorsichtig bei kleiner Hitze; rühren, bis sich der Zucker gelöst hat. Vom Herd nehmen und abkühlen lassen.
Füllen Sie die Gurken in kalte, sterilisierte Gläser. Gießen Sie die Einlegeflüssigkeit darüber, bis sie völlig bedeckt sind; mit säurefesten Deckeln verschließen. Die Gurken sollten vor dem Verzehr noch zwei Tage durchziehen, um die Aromen aufzunehmen.

Eingelegte Gurken halten sich in verschlossenen Gläsern im Kühlschrank einen Monat lang.

## GURKEN IM GARTEN KULTIVIEREN

Gurken (*Cucumis sativus*) lieben zwar viel Wärme, brauchen aber nicht unbedingt ein Gewächshaus, denn manche Sorten wachsen auch im Freien. Säen Sie Gurken in der Frühlingsmitte in 7,5-cm-Töpfe: Bohren Sie ein Loch ins Substrat und legen Sie zwei Samen hinein; mit Erde auffüllen und gießen. Wenn die Pflänzchen 2 cm hoch sind, wird das schwächere entfernt. Nach dem Abhärten (einige Tage) kommen sie mit 50 cm Abstand im Frühsommer an einen sonnigen, geschützten Ort ins Freiland. Obwohl die Pflanzen auch über den Boden kriechen können, wachsen sie besser an einer Kletterhilfe. Gießen Sie reichlich und düngen Sie nach dem Fruchtansatz mit einem kaliumreichen Volldünger. Ernten Sie die Gurken, bevor sie zu groß werden.

### Fenchel kultivieren

**Fenchel (*Foeniculum vulgare*) ziert das Blumen- wie das Kräuterbeet. Bis 1,50 m hoch, bevorzugt er nährstoffreiche, durchlässige Böden und einen sonnigen Standort, toleriert aber auch ungünstigere Bedingungen. Wer im Sommer regelmäßig die Blätter abschneidet, erntet neue.**

**Der Bronzefenchel (*F. v.* 'Purpureum') ist milder und nicht ganz so wüchsig mit gelblichen Samen.**

**Zur Ernte, siehe S. 19.**

# Gesichtsmaske mit Honig und Fenchel

**Fenchel wirkt zusammenziehend, reinigt die Haut und reduziert Schwellungen. In Indien wird *garam* oder Kichererbsenmehl vielen natürlichen Pflegemitteln beigemischt; es klärt Hautunreinheiten und ist ein natürliches Peelingmittel.** Ergibt etwa 170 g, ausreichend für zwei bis drei Anwendungen.

**3 Esslöffel Fenchelsamen, grob im Mörser zerrieben**
**100 g Garam oder Kichererbsenmehl (Asia-Läden, auch in manchen Supermärkten)**
**4 Esslöffel flüssiger Honig**
**1/2 Teelöffel Benzoetinktur (natürliches Konservierungsmittel; in Apotheken, Läden für Naturkosmetik oder im Internet)**

**1 Krug oder Topf**

Bringen Sie den Fenchelsamen mit 80 ml Wasser in einem kleinen Topf zum Simmern; sofort vom Herd nehmen. Lassen Sie das Wasser abkühlen und seihen Sie es durch ein feines Sieb. Rühren Sie Mehl, Honig und die Benzoetinktur hinein, bis eine dicke Paste entstanden ist. Löffeln Sie die Masse in einen kalten, sterilisierten Krug (Topf); verschließen.

Streichen Sie die Maske auf die saubere Gesichts- und Halshaut auf; 15 Minuten einwirken lassen, dann vorsichtig einmassieren und mit einem feuchten, warmen Waschlappen abwischen. Spülen Sie die Haut mit warmem Wasser nach; mit einem weichen Handtuch trocken tupfen und eine Feuchtigkeitscreme auftragen.

Im Kühlschrank hält sich die Gesichtsmaske eine Woche lang.

**KREATIV VERPACKEN** **Ein weiches Tuch, zum Cremetopf gepackt, zeigt Ihre Aufmerksamkeit. Eine kleine Gebrauchsanweisung sollte dieses schlichte und persönliche Geschenk ergänzen.**

# Nachtcreme mit Gurken

**Gurken nähren und spenden der Haut Feuchtigkeit. In Verbindung mit Apfelsinenblütenwasser und Neroliöl – soll den Kreislauf anregen und Angstzustände abbauen – entsteht eine nährende, entspannende Feuchtigkeitscreme für die Nacht.** Ergibt etwa vier Gläser (je 100 ml).

**250 ml Kokosnussöl**
**2 Esslöffel weißes Bienenwachs, gerieben**
**1 Esslöffel Sheabutter**
**eine halbe kleine Gurke, geschält, halbiert, entkernt und klein geschnitten**
**60 ml Apfelsinenblütenwasser**
**1/4 Teelöffel Benzoetinktur (natürliches Konservierungsmittel; in Apotheken, Läden für Naturkosmetik oder im Internet)**
**4 Tropfen Neroliölessenz**

**dunkle Gläser**
**Musselin**

Stellen Sie eine hitzebeständige Schüssel über einen Topf mit gerade simmerndem Wasser; der Schüsselboden darf das Wasser nicht berühren. Geben Sie Kokosnussöl, Wachs und Sheabutter hinein; ab und zu umrühren, bis das Wachs geschmolzen ist. Nehmen Sie die Schüssel herunter und lassen Sie sie auf Zimmertemperatur abkühlen.
Inzwischen zerkleinern Sie die Gurken im Mixer zu einer sehr glatten Konsistenz. Kleiden Sie ein Sieb mit Musselin aus und seihen Sie den Gurkensaft in einen Krug. Drücken Sie mit einem Löffelrücken so viel Flüssigkeit wie möglich durch. Messen Sie 60 ml davon ab und rühren Sie es mit dem Apfelsinenblütenwasser, der Benzoetinktur und dem Neroliöl zusammen.

Löffeln Sie die Creme in eine saubere Küchenmaschine oder Mixer; eine Minute laufen lassen. Gießen Sie bei laufendem Motor die Gurkensaftmischung durch den Einfüllstutzen dazu; zu einer glatten Emulsion verarbeiten. Löffeln Sie alles in kalte, sterilisierte Gläser; verschließen.

Die Creme hält sich im Kühlschrank etwa 10 Tage.

## GURKEN UNTER GLAS KULTIVIEREN

**Haben Sie ein heizbares Gewächshaus? Dann dürfen Sie sich auf eine frühere Gurkenernte freuen. Säen Sie die Gurken wie auf S. 161 beschrieben.**

**Im Spätfrühling werden die Pflänzchen in 25-cm-Töpfe oder Kompostsäcke (2 pro Sack) umgetopft. Halten Sie das Substrat feucht und düngen Sie etwa alle zwei Wochen mit einem kaliumreichen Volldünger. Binden Sie die Gurken an Stäbe oder senkrechte Drähte an. Wenn der Hauptstamm das Dach erreicht hat, knipsen Sie die Spitze und die Spitzen der Seitentriebe ab.**

**Manche Sorten tragen männliche und weibliche Blüten auf derselben Pflanze. Draußen spielt das keine Rolle, doch unter Glas müssen Sie die männlichen Blüten entfernen, sobald sie erscheinen, sonst schmecken die Gurken bitter. Weibliche Blüten erkennen Sie an der Verdickung unterhalb der Blüten – sie wird zur Gurke.**

# Sanfter Hautreiniger mit Salat

**Dieser milde Reiniger ist sehr gut für trockene oder gereizte Haut. Er hilft vor allem bei Sonnenbrand – ein gutes Geschenk für Sonnenanbeter, die zu sparsam mit der Sonnencreme umgehen.**

Ergibt etwa 400 ml.

**1 kleiner Salatkopf mit weichen Blättern**
**15 junge Boretschblätter**
**400 ml destilliertes Wasser**
**1/4 Teelöffel Benzoetinktur (natürliches Konservierungsmittel; in Apotheken, Läden für Naturkosmetik oder im Internet)**

**Musselin**
**Trichter**
**2 dunkle Glasflaschen (je 200 ml)**

Zerpflücken Sie die Salatblätter in einen Topf mit dem Boretsch und destilliertem Wasser. Bringen Sie das Wasser zum Kochen; sofort die Hitze reduzieren und 30 Minuten sanft simmern lassen. Nehmen Sie den Topf vom Herd; abkühlen lassen. Kleiden sie ein Sieb mit Musselin aus und seihen Sie die Flüssigkeit in einen Krug. Rühren Sie die Benzoetinktur hinein und schütten Sie den Hautreiniger in kalte, sterilisierte Flaschen.

Die Reinigungsflüssigkeit hält sich im Kühlschrank zwei Wochen.

## Salat kultivieren

**Gibt es etwas Köstlicheres als erntefrischen Salat? Die Kultur ist so simpel, dass Sie mit etwas Planung während der meisten Monate des Jahres frische Blätter ernten können.**

**Wenn Sie im Abstand von einigen Wochen regelmäßig nachsäen, wird die Salatquelle nicht versiegen. Säen Sie Salat 1 cm tief in nährstoffreichen, durchlässigen Boden mit Schutz vor der Mittagssonne. Dünnen Sie die Pflänzchen auf 30 cm Abstand aus. Die ausgezupften Pflänzchen landen im Salat, nichts wird verschwendet. Pflücksalate sind besonders anspruchslos. Sie sind nicht nur köstlich, sondern werden auch für dieses Rezept benötigt.**

**Salat wächst sehr gut im Topf, vor allem die Pflück- und Schnittsalate. Alle Sorten mögen feuchte Böden, lassen Sie die Salate nicht austrocknen.**

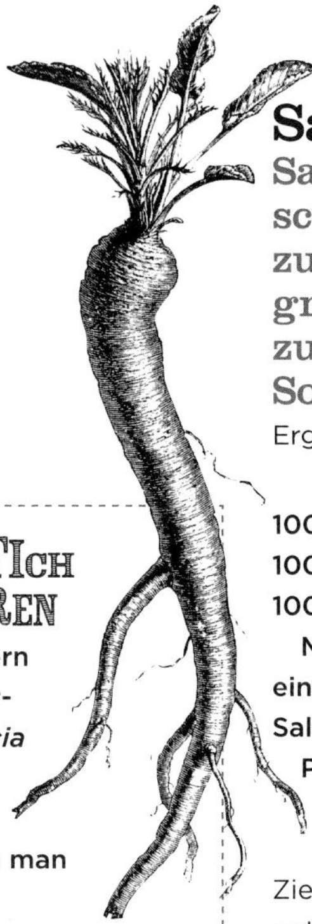

## Meerrettich kultivieren

In einigen Ländern wächst der Meerrettich (*Armoracia rusticana*) wie Unkraut neben der Straße, doch man sollte ihn ohne Erlaubnis des Landbesitzers nicht ausgraben. Die Kultur von Meerrettich ist denkbar einfach, doch die Staude überwuchert ihre Nachbarn – wählen Sie den Standort daher sorgfältig aus. Meerrettich gibt sich mit allen Böden zufrieden, nur Schatten mag er nicht; gönnen Sie ihm einen Platz an der Sonne. Pflanzen Sie im Frühling eine etwa 25 cm lange Wurzel in ein 15 cm tiefes Loch (50 cm Abstand zu den Nachbarn). Um seine Wüchsigkeit einzudämmen, kann Meerrettich auch in großen Gefäßen (Halbfässer) kultiviert werden.

Meerrettich wird nach Bedarf im Herbst geerntet. Lagern Sie einige Wurzeln als Wintervorrat in einer Sandkiste an einem kühlen, dunklen Ort.

# Sahne-Meerrettich

**Sahne-Meerrettich schmeckt hervorragend zu Roastbeef. Er ist ein großartiges Mitbringsel zu einer Einladung zum Sonntagsbrunch.**

Ergibt zwei Gläser (je 150g).

**100 g Crème fraîche**
**100 ml Crème double, leicht geschlagen**
**100 g frischer, fein geriebener Meerrettich**
**eine Prise Zucker**
**Salz und frisch gemahlener, weißer Pfeffer**

Ziehen Sie Crème fraîche vorsichtig unter die Crème double. Rühren Sie Meerrettich, Zucker ein und würzen Sie nach Geschmack mit Salz und Pfeffer.

Füllen Sie die Meerrettich-Sahne in Gläser; bis zum Gebrauch im Kühlschrank lagern.

Im Kühlschrank hält sie sich bis zwei Tage lang.

## KREATIV VERPACKEN

Mit einem Glas eingelegte Gurken (siehe S. 161) oder grünem Tomaten-Chutney (siehe S. 148) bildet jedes dieser Meerrettich-Produkte einen großartigen Beitrag für jeden Picknickkorb.

# Eingelegter Meerrettich

**Viele Gerichte lassen sich mit den eingelegten Meerrettichscheiben verfeinern; der scharfe Geschmack erinnert an eingelegten chinesischen Ingwer. Probieren Sie ihn zu Makrelen, Räucherlachs oder kräftigem Hartkäse.** Ergibt zwei Gläser (je 200 g).

**300 g Meerrettichwurzel, geschält und dünn geschnitten (scharfes Messer oder Mandoline)**
**2 Esslöffel grobes Meersalz**
**200 ml Reis- oder Apfelessig**
**3 Esslöffel feiner, heller Rohrzucker**
**Saft und fein geriebene Zeste einer Limone**
**Saft und fein geriebene Zeste einer kleinen Apfelsine**

Rühren Sie in einer Schüssel das Salz unter die Meerrettichscheiben; abgedeckt 12 Stunden oder über Nacht stehen lassen (ein- oder zweimal umrühren).
Schütten Sie die Scheiben in ein Sieb und spülen Sie kurz mit kaltem Wasser. Lassen Sie den Meerrettich 15 Minuten abtropfen und tupfen Sie ihn mit einem sauberen Geschirrtuch ab.

Bringen Sie Essig, Zucker und 100 ml Wasser in einem Topf zum Simmern; rühren, bis sich der Zucker gelöst hat. Geben Sie Fruchtsaft und Zesten dazu; sofort vom Herd nehmen. Teilen Sie den Meerrettich auf zwei sterilisierte Gläser auf und gießen Sie den Essig darüber, bis die Scheiben bedeckt sind. Verschließen Sie die Gläser mit säurefesten Deckeln; lassen Sie die Gläser mindestens sieben Tage im Kühlschrank stehen, damit sich das Aroma entwickelt.

Im Kühlschrank hält sich der Meerrettich einen Monat lang.

# Möhrenkuchen

**Wenn Sie das nächste Mal gebeten werden, einen Kuchen mitzubringen, versuchen Sie es mit diesem saftigen, würzigen Möhrenkuchen mit einer pikant-cremigen Käseglasur.** Ergibt zwölf Stücke oder einen runden Kuchen (22 cm Durchmesser).

- 1 Kochapfel, etwa 250 g, geschält, entkernt und in Stücke geschnitten
- Saft und Zeste einer kleinen Apfelsine
- 100 g Sultaninen oder Rosinen
- 150 g flüssige Butter, dazu etwas mehr zum Einfetten
- 150 g hellbrauner Rohrzucker
- 3 Eier
- 200 g Mehl
- 2 Teelöffel Backpulver
- 1 Teelöffel Zimt, gemahlen
- 1 Teelöffel Ingwer, gemahlen
- ½ Teelöffel gemahlene Muskatnuss
- ½ Teelöffel Salz
- 240 g Möhren, geschält und grob gerieben
- 80 g Pecan- oder Walnüsse, geröstet und grob gehackt; dazu 12 ganze Nüsse zur Dekoration

**FÜR DIE GLASUR:**

- 60 g Butter, Zimmertemperatur
- 240 g Frischkäse, Zimmertemperatur
- 240 g Puderzucker, gesiebt
- 1 Teelöffel Zitronensaft, frisch gepresst
- Zeste einer kleinen Zitrone, fein gerieben

Quadratisches Kuchenblech (20 x 20 x 8 cm) oder runde Springform (22 cm Durchmesser)

Heizen Sie den Backofen auf 170° C (Gas Stufe 3) vor. Fetten Sie die Kuchenform ein und legen Sie Boden und Seiten mit Backpapier aus; fetten Sie das Backpapier ein.

Kochen Sie den Apfel mit dem Apfelsinensaft und den Sultaninen/Rosinen bei kleiner Hitze in einem kleinen Topf, bis der Apfel weich ist und zerfällt; abkühlen lassen.

Sieben Sie Mehl, Backpulver, Zimt, Ingwer, Muskat und Salz in eine Schüssel.

Schlagen Sie in einer anderen Schüssel Butter, Eier und Zucker weich und schaumig. Ziehen Sie vorsichtig das Mehl unter, bis alles vermischt ist, dann geben Sie die Apfelmasse, Apfelsinenzeste, Möhren und Nüsse dazu. Füllen Sie die Masse in die vorbereiteten Kuchenformen; 50-60 Minuten lang backen, bis an einem eingestochenen Zahnstocher kein Teig mehr haften bleibt. Lassen Sie den Kuchen 10 Minuten in der Form, dann auf einem Drahtgitter abkühlen.

Schlagen Sie die Butter für die Glasur schaumig und geben Sie den Frischkäse dazu; zu einer glatten Mischung ohne Klümpchen verarbeiten. Mischen Sie unter Schlagen Zitronensaft und Zesten, dann den Puderzucker dazu.

Wenn der Kuchen abgekühlt ist, streichen Sie die Glasur darauf und dekorieren Sie sie mit den Nüssen.

In einem luftdichten Behälter hält sich der Kuchen – ohne die Glasur – drei bis vier Tage. Bestreichen Sie den Kuchen erst unmittelbar vor dem Verzehr mit der Glasur.

## Möhren kultivieren

**Möhren bilden nur in leichtem, sandigem, lockerem Boden gerade, schöne Wurzeln. Säen Sie die Möhren von Frühling bis Frühsommer direkt ins Beet. Decken Sie frühe Saaten mit Folientunneln oder Gartenvlies ab. Säen Sie für eine kontinuierliche Versorgung alle paar Wochen nach, möglichst im richtigen Abstand, denn der Duft beim Ausdünnen könnte Möhrenfliegen anlocken. Schrecken Sie die Fliegen mit Schnittlauch (siehe S. 23) ab. Wenn Sie die feinen Samen mit Sand vermischen, lassen sie sich besser ausstreuen; streuen Sie eine dünne Schicht Erde darüber. Idealerweise liegen die Samen 1 cm tief in Reihen von 12 cm Abstand. Die Erde darf nicht austrocknen, und das Unkraut muss gründlich gejätet werden. Die ersten Möhren sind acht Wochen nach der Aussaat erntereif.**

# Haselnuss-Pralinen

**Diese durchscheinenden Pralinen mit gerösteten Haselnüssen und der Farbe von Bernstein schmecken köstlich – zum Abknabbern oder in kleine Stücke zerbrochen als Dekoration auf einem Eisbecher oder Kuchen.** Ergibt ein Blech Pralinen.

## Haselnuss-Sträucher kultivieren

**Neben der heimischen Haselnuss (*Corylus avellana*) können Sie auch die Lambertshasel (*C. maxima*) im Garten kultivieren. Haselnüsse sind selbstbestäubend: Die goldgelben männlichen Kätzchen und die kleinen roten, weiblichen Blüten stehen auf einer Pflanze. Leider blühen sie oft nicht gleichzeitig, und da Haseln vom Wind bestäubt werden, muss der Paarungspartner in der Nähe stehen. Auf dem Land ist das kein Problem, doch in der Stadt sollten Sie mehrere Exemplare pflanzen, um sich eine reiche Ernte zu sichern.**

**Haseln wachsen am besten in durchlässigem Boden an einem sonnigen Standort, vertragen aber auch etwas Schatten. Junge Sträucher und Bäume tragen zum ersten Mal nach drei bis vier Jahren. Sie können die Nüsse ernten, wenn die Hüllen im Herbst gelb werden.**

**KREATIV VERPACKEN** **Mit einem Eisportionierer und ein paar Eisbechern machen diese Pralinen (im luftdichten Gefäß) jedem Eisfan Freude.**

**150 g ganze Haselnüsse, nicht blanchiert**
**150 g weißer Zucker**
**½ Teelöffel grobes Meersalz (optional)**

**1 Backblech, etwa 30 x 30 cm**
**Pflanzenöl zum Einfetten**

Heizen Sie den Backofen auf 200° (Gas, Stufe 6) vor. Backen Sie die Nüsse auf einem Backblech mit hohen Seiten etwa 5 Minuten lang, bis sie duften und die Haut blasig wird. Schlagen Sie die Nüsse in ein sauberes Geschirrtuch ein; 5 Minuten ruhen lassen. Rubbeln Sie die Häute durch kräftiges Reiben ab, es macht nichts, wenn Sie nicht alle entfernen.
Legen Sie die Zutaten für die Pralinen bereit. Fetten Sie ein Backblech (30 x 30 cm) ein oder legen Sie es mit einer Backmatte aus.

Schütten Sie den Zucker in einen schweren Topf; auf einem hellen Topfboden zeichnet sich die Farbe des Zuckerkaramells besser ab. Erwärmen Sie den Topf bei mittlerer Hitze, bis der Zucker zu schmelzen beginnt. Rühren Sie vorsichtig um, damit er gleichmäßig schmilzt. Reduzieren Sie die Hitze und lassen Sie den Zucker ohne Rühren bis zu einem intensiven Goldbraun schmelzen. Behalten Sie den Topf im Auge, denn Zucker brennt sehr schnell an. Streuen Sie die Haselnüsse hinein und gießen Sie die Masse möglichst gleichmäßig in das Backblech; hin und her schwenken, damit der Karamell eine gleichmäßige Dicke bekommt. Wenn Sie mögen, streuen Sie nun das Meersalz darüber. Lassen Sie die Masse etwa eine Stunde lang völlig erkalten, dann wird sie in Stücke gebrochen.

Die Pralinen halten sich in einem luftdichten Gefäß etwa zwei Wochen lang.

# BUCHTIPPS

Sie haben mit diesem Buch Ihre Kreativität neu entdeckt und suchen nach neuen Anregungen? Hier werden Sie bei Bassermann Inspiration fündig:

### LIEBEVOLLE GESCHENKE AUS DER KÜCHE

Gebunden mit Schutzumschlag, 144 Seiten
ISBN 978-3-572-08034-2

Kulinarische Köstlichkeiten zum Verwöhnen und originelle Vorschläge für schöne Verpackungen.

### FARBENFROHE WEIHNACHTEN

Gebunden, 96 Seiten,
ISBN 978-3-572-08044-1

Schnelle und kinderleichte Ideen für originelle Weihnachtsdeko und Last-minute-Geschenke mit Fundstücken aus der Natur sowie Stoff und Filz.

### TASCHENGLÜCK

Gebunden, 96 Seiten,
ISBN 978-3-572-08056-4

Den meisten Frauen kann man mit einer Tasche eine große Freude machen - vor allem mir diesen zauberhaften selbstgenähten aus Stoff, Wachstuch und Kunstleder.

### STOFFE, BÄNDER, LITZEN

Gebunden, 128 Seiten,
ISBN 978-3-572-08094-6

Kleine, feine Näh- und Bastelideen - kinderleicht und schnell anzufertigen für ein liebevolles Mitbringsel.

## Weitere Anregungen für Gartenfreunde

Auch hier bietet Bassermann Inspiration eine Fülle von interessanten, liebevoll ausgestatteten Büchern - bestens auch als Geschenk für andere Gartenliebhaber geeignet.

### FASZINIERENDE ORCHIDEEN

Broschur, 64 Seiten,
ISBN 978-3-572-08046-5

Ein wunderschönes Geschenk-Set für alle Orchideenliebhaber, bestehend aus einem Buch, einer Glassprühflasche und einer handlichen Pflanzenschere.

### DAS BAU ICH SELBER AN

Gebunden, 160 Seiten,
ISBN 978-3-08053-3

Wunderschön illustriert und ganz praktisch aufgebaut: hier erfahren Sie, wie Sie mit einem Garten von nur 200 mÐ für 4 Personen Obst und Gemüse anbauen, das Sie das ganze Jahr über mit naturbelassenen Köstlichkeiten versorgt.

### GÄRTNERN GEHT ÜBERALL

Gebunden mit Schutzumschlag, 208 Seiten,
ISBN 978-3-08036-6

Sie brauchen keinen Garten, um selbstgezogenes Obst, Gemüse und Kräuter zu ernten - selbst mitten in der Stadt findet sich überall ein Fleckchen, um zu Gärtnern!

### KRÄNZE UND BLUMENSCHMUCK

Gebunden mit Halbleinenrücken, 128 Seiten,
ISBN 978-3-08019-9

Dieses charmant ausgestattete und bebilderte Buch bietet viele Ideen für selbst gemachten Pflanzenschmuck rund ums Jahr und für unterschiedliche Anlässe.

### WUNDERWELTEN IM GLAS

Klappenbroschur, 196 Seiten,
ISBN 978-3-08048-9

50 feine, kleine Pflanzenarrangements - ganz einfach zu realisieren für das eigene Wohnparadies oder für liebe Freunde.

# REGISTER

## Für Ihr Zuhause



## Für die Küche



## Für Haar, Gesicht und Haut